Würzburg

Bericht über die Verwaltung und den Stand der Gemeindeangelegenheiten der Stadt Würzburg

Würzburg

Bericht über die Verwaltung und den Stand der Gemeindeangelegenheiten der Stadt Würzburg

ISBN/EAN: 9783743493193

Hergestellt in Europa, USA, Kanada, Australien, Japan

Cover: Foto ©Suzi / pixelio.de

Manufactured and distributed by brebook publishing software (www.brebook.com)

Würzburg

Bericht über die Verwaltung und den Stand der Gemeindeangelegenheiten der Stadt Würzburg

III. Bericht

über

die Verwaltung und den Stand

der

Gemeinde-Angelegenheiten

der Stadt

Würzburg.

Geschäfts - Jahr 1871.

Würzburg.
Druck der Thein'schen Buchdruckerei.
1873.

III. Bericht

über

die Verwaltung und den Stand

der

Gemeinde-Angelegenheiten

der Stadt

Würzburg.

Geschäfts-Jahr 1871.

Würzburg.

Druck der Thein'schen Buchdruckerei.

1873.

Inhalts-Uebersicht.

		Seite
§ 1.	Allgemeine geschäftliche Verhältnisse. — Reichstagswahl. — Friedens- und Siegesfeier, Truppen-Einzug. — Die im Kriege gefallenen Würzburger. — Kriegsgefangene	1
§ 2.	Ortsgesetze	8
§ 3.	Das Stadtgebiet. — Stromverhältnisse	9
§ 4.	Einwohnerstatistik. — Geburten, Trauungen, Sterbfälle. — Steuerverhältnisse	17
§ 5.	Vom Stadthaushalt	26
§ 6.	Schulwesen	38
§ 7.	Das Gas- und Wasserwerk	42
§ 8.	Sparkasse und Pfandanstalt	46
§ 9.	Das städtische Holzmagazin	47
§ 10.	Vermittlungsamt	48
§ 11.	Feuerversicherung	48
§ 12.	Polizeiverwaltung	49
§ 13.	Gewerbswesen	53
§ 14.	Lebensmittelverbrauch, Lebensmittelpreise	56
§ 15.	Die Institute für kranke Dienstboten und kranke Gesellen	58
§ 16.	Stiftungswesen	59
§ 17.	Armenwesen	62

§ 1.

Allgemeine geschäftliche Verhältnisse. — Reichstagswahl. — Friedens- und Siegesfeier, Truppen-Einzug. — Die im Kriege gefallenen Würzburger. — Kriegsgefangene.

1. Das Geschäftsjahr 1871, über welches wir berichten, besitzt wie das vorhergegangene den Charakter eines Kriegsjahres und müssen daher viele in der öffentlichen Verwaltung hervorgetretene Erscheinungen, wenn richtig, unter diesem Gesichtspunkt beurtheilt werden. Es wird sich in unserm Berichte öfter Gelegenheit bieten, auf dieses Verhältniss hinzuweisen; hier mag im Allgemeinen bemerkt sein, dass die Einquartierung und Verpflegung der aus dem Felde heimgekehrten Truppen, die Unterstützung der Frauen der Reservisten und Landwehrmänner, die Gewährung von Beihülfen an die aus Frankreich ausgewiesenen Deutschen und an Angehörige der Reserve und Landwehr eine besondere dem Frieden nicht bekannte Geschäftsthätigkeit veranlassten.

2. Die durch die Versailler Verträge vom November 1870 zwischen den betheiligten Regierungen vereinbarte Constituirung des deutschen Reiches bedurfte zur verfassungsmässigen Wirksamkeit in Bayern, nachdem die Kammer der Reichsräthe bereits am 30. Dezember 1870 ihre Zustimmung ertheilt hatte, nur noch gleiche Zustimmung der Abgeordnetenkammer. Bei der Zusammensetzung der Letzteren, dem Erforderniss einer Zweidrittelsmehrheit und der Entschiedenheit, mit welcher die Gegner der neuen Bundesverfassung im Landtage auftraten, war die Befürchtung, dass ein ablehnender Beschluss gefasst werden könne, nur zu begründet.

Den deshalb aus allen Theilen des Landes an die Abgeordnetenkammer gerichteten Petitionen um Annahme der Versailler Verträge schlossen sich auch die beiden städtischen Collegien in einer unterm 18. Januar erlassenen gemeinsamen Adresse an. —

Nach zehntägiger Debatte ertheilte am 21. Januar die Abgeordnetenkammer mit der verfassungsgemäss erforderlichen Stimmenzahl den Verträgen ihre Zustimmung, und war damit ein neues festes Band politischer Einigung um die Staaten des deutschen Reiches gezogen.

Bereits am 22. Januar liefen vom Staatsministerium des Innern direct die Weisungen zur Vorbereitung der Reichstagswahl ein, und wurde später die Wahl selbst auf den 3. März anberaumt.

Die Stadt Würzburg mit den Gemeinden des Bezirksamtes Würzburg bildete hiebei einen Wahlkreis, der einen Abgeordneten zu wählen hatte.

Bei der Wahl standen sich im Wesentlichen zwei Parteien, die liberale und ultramontane, gegenüber.

Gewählt wurde der Candidat der liberalen Partei Univ.-Prof. Dr. L. Gerstner.

Ueber die Wahlbetheiligung und das Stimmenverhältniss gibt bezüglich der hiesigen Stadt die nachfolgende Zusammenstellung Aufschluss.

Erste Wahl zum deutschen Reichstag 1871.
Wahlbezirk Würzburg Stadt.

District	Zahl der männlichen Einwohner.	Zahl der in die Listen eingetragenen Wähler.	Zahl der im Ganzen abgegebenen gültigen Stimmen.	Hievon waren	
				liberal	ultramontan
I.	5073	1750	771	619	152
II.	4353	1660	816	638	178
III.	3217	1175	589	425	164
IV.	3680	1219	588	362	226
V.	3164	747	296	219	77
Sa.	19487	6551	3060	2263	797

3. Am 3. März wurden die Ratificationen der Friedenspräliminarien zu Versailles ausgetauscht und war damit ein der deutschen Nation aufgedrungener Krieg beendigt.

Trotz der freudigen Aufregung über die Schlag auf Schlag sich folgenden Triumphe der deutschen Heere athmete doch bei der Friedensnachricht Alles neu auf.

Der Friedensschluss allein konnte eben die trotz aller Siege nicht zu bannende Besorgniss vor einer Aenderung des Kriegsglücks und der Einmischung dritter Mächte verscheuchen, und die Gewissheit verschaffen, dass nicht weitere Opfer an theurem Blut gebracht werden müssten.

Da bereits alle Vorbereitungen zu einer würdigen Sieges- und Friedensfeier getroffen waren, konnte deren Abhaltung am Sonntag den 5. März erfolgen.

An einem herrlichen, klaren und warmen Frühlingstag verlief dieselbe unter der allseitigen Betheiligung der freudig erregten Stadt, unvergesslich Allen, die eine grosse Zeit mit Bewusstsein durchlebt hatten, mit erhöhtem Herzschlag dem Entwicklungsgange der entscheidenden Ereignisse gefolgt waren und in der politischen Wiedergeburt ihres grossen Vaterlandes die Erfüllung eines ihrer heissesten Wünsche erblickten.

Eine zweite, nicht weniger erhebende Feier setzte die Stadt am 5. Juli in Bewegung; sie galt dem Empfang der aus dem Feldzuge siegreich heimkehrenden Truppen.

Wir lassen zur dauernden Erinnerung an die Gefeierten und an die Feier, zu welcher aus ganz Franken Tausende von Theilnehmern in die Stadt geströmt waren, hiemit das Einzugsprogramm folgen:

Programm

über den am 5. Juli dahier stattfindenden feierlichen Empfang und Einzug Sr. Excellenz des Herrn Generals Ritter von Hartmann und der unter dessen Commando stehenden Truppentheile des k. b. II. Armeecorps hiesiger Garnison.

I. Morgens 7 Uhr Tagreveille.

II. Die k. Studienanstalt, das k. Realgymnasium und die Kreisgewerbschule, dann die sämmtlichen Volksschulen und Privat-

Erziehungs-Institute veranstalten festliche Aufzüge und begrüssen an den ihnen zugewiesenen Plätzen die einmarschirenden Truppen.

III. Ein **Festzug** wird den einziehenden Siegern entgegengehen, dieselben bewillkommnen, bekränzen und auf ihrem Einmarsch durch die Stadt begleiten.

Dieser Zug ordnet sich, wie folgt:

1. Erste Abtheilung berittener Bürger mit Fahnen in den deutschen und den Landesfarben.
2. Der Zugführer und seine Adjutanten zu Pferd.
3. Die Ehrenjungfrauen zu Wagen.
4. Das städtische Musikkorps.
5. Die Deputationen der Studentenschaft der Hochschule.
6. Das Empfangs-Comité, der Magistrat und die Gemeindebevollmächtigten.
7. Zweites Musikkorps.
8. Die Sängergesellschaften Liedertafel und Sänger-Verein.
9. Die Hilfs-Comité's des Bürger-Vereins und der Kreis-Ausschuss des bayerischen Landes-Hilfsvereins.
10. Die Mitglieder der Feuerwehr und der Turngemeinde, welche sich in Reihen rechts und links an das erste Musikkorps anschliessen.
11. Zweite Abtheilung berittener Bürger.

IV. Der Zug sammelt sich im Polizeihof und geht von da durch die Carmelitengasse, über die Mainbrücke und die Burkarderstrasse auf den Empfangsplatz vor dem Burkarderthor, worauf die berittenen Theilnehmer am Zuge den Truppen bis zum Steinbachsgrund entgegenreiten.

V. Nach Ankunft der Einziehenden am Empfangsplatz tragen die Gesangvereine einen Begrüssungschor vor; hierauf folgt eine Ansprache des Bürgermeisters und die Ueberreichung der Lorbeerkränze durch die Ehrenjungfrauen:

1. an Seine Excellenz Herrn General Ritter von Hartmann, Commandant des II. bayer. Armeekorps;
2. an Seine Excellenz Herrn Generallieutenant Graf von Bothmer, Commandant der 4. bayer. Infant.-Division;

3. an das k. 9. Infanterie-Regiment;
4. an das k. 2. Artillerie-Regiment;
5. an die k. 2. Sanitäts-Compagnie.

VI. Unter dem Donner von Freudenschüssen und dem Geläute sämmtlicher Glocken erfolgt der Einmarsch durch das Burkarderthor in die festlich geschmückte Stadt.

Dem vorangehenden Festzug folgen:
1. Die Stabswache des II. bayer. Armeekorps;
2. Seine Excellenz Herr General Ritter von Hartmann mit dem Corpsstab;
3. Seine Excellenz Herr Generallieutenant Graf v. Bothmer mit dem Divisionsstab;
4. der Stab der VII. Infanterie-Brigade;
5. der Stab des IX. Infanterie-Regiments;
6. die beiden Bataillone des 9. Infanterie-Regiments;
7. der Stab des 2. Artillerie-Regiments;
8. vier Batterien Artillerie;
9. die 2. Sanitäts-Compagnie.

Der Marsch geht durch die Burkarderstrasse, über die Mainbrücke, die Domstrasse, den Kürschnerhof, den Marktplatz, die Carmelitengasse, Juliuspromenade, Theaterstrasse zum Residenzplatz, wo der Festzug die einziehenden Truppen an sich vorübermarschiren lässt und sich sodann auflöst.

VII. Die auf dem Residenzplatz aufzustellenden Truppen werden nach dem Gebete mit den Quartierbilleten eine Festgabe der Stadt für das nachmittägige Gartenfest in Empfang nehmen und sich hierauf in ihre Quartiere begeben.

VIII. Eine aus Mitgliedern des Magistrats und des Gemeinde-Collegiums bestehende Deputation überbringt Seiner Excellenz Herrn General Ritter von Hartmann das Ehrenbürgerrechts-Diplom der hiesigen Stadt.

IX. Nachmittags 4 Uhr grosses allgemeines Gartenfest im Platz'schen Garten.

An die gesammte verehrl. Einwohnerschaft der Stadt sei die freundliche Bitte gerichtet, durch Dekoration der Gebäude, gast-

liche Aufnahme der einzuquartierenden Mannschaften und zahlreiche Betheiligung am Gartenfest den siegreich heimkehrenden Truppen einen recht warmen und herzlichen Empfang zu bereiten.
Würzburg, den 2. Juli 1871.

Das Comité
für den Empfang der aus dem Feldzug heimkehrenden Truppen.

Bürgermeister Dr. Zürn. — Attensamer, Rechtsrath. — v. Buchner, k. Regierungs-Direktor. — Eger, Gemeinde-Bevollmächtigter. — Geist, Vorstand der Turngemeinde. — Grimm, k. Notar, Vorstand des Hilfs-Comité's des Bürgervereins. — Heintz, Vorstand der Verpflegs-Abtheilung des Bürgervereins. — Dr. v. Held, Hofrath und Univ.-Prof., Vorstand des Kreisausschusses des Landes-Hilfsvereins. — Helmerich, Gemeinde-Bevollmächtigter. — Dr. v. Kölliker, Hofrath und Univ.-Prof., z. Zt. Rektor der Universität. — Maier, k. Eisenbahn-Oberinspektor. — Roth, Gemeinde-Bevollmächtigter. — Schauer, Vorstand des Sängervereins. — Schackert, Rechtsrath. — Scherpf, Stadtbaurath. — Sippel, Magistratsrath. — v. Stefenelli, k. Regierungsrath. — Stöhr, Vorstand der Liedertafel. — Ungemach, k. Stadtrichter. — C. A. Ziegler, Privatier. — Zier, Gasthofbesitzer.

4. Die beabsichtigte Errichtung eines Denkmals für die im Kriege gefallenen Würzburger Stadtangehörigen konnte bis jetzt wegen der verschiedenen Schwierigkeiten, die sich namentlich bezüglich der Auswahl des Ortes, der Form und des Materials des Denkmals sowie des aus Gemeindemitteln zu bewilligenden Aufwandes ergeben, nicht erfolgen.

Es möge deshalb unsere Dankbarkeit einstweilen dadurch einen Ausdruck finden, dass wir unsere im Kampfe für das Vaterland gefallenen Landsleute in der ehrenden Erinnerung der Mit- und Nachwelt erhalten, und zu diesem Ende deren Namen hier eine Stelle einräumen.

Die ruhmvoll Gefallenen sind:
1. Adam Roth, Corporal im k. b. 9. Inf.-Reg., gefallen bei Weissenburg am 4. August 1870.
2. Carl Albert, Vice-Corporal im k. b. 9. Inf.-Reg., gefallen bei Weissenburg am 4. August 1870.
3. Georg Feuerlein, Hauptmann im k. b. 9. Inf.-Reg., gefallen in der Schlacht bei Wörth am 6. August 1870.

4. Adolph Hofmann, Oberlieutenant im k. b. 9. Inf.- Reg., gefallen in der Schlacht bei Wörth am 6. August 1870.
5. Joseph Dietz, Unterlieutenant im k. b. 9. Inf.- Reg., gefallen in der Schlacht bei Wörth am 6. August 1870.
6. Carl Todt, Unterlieutenant im k. b. 9. Inf.-Reg., gefallen in der Schlacht bei Wörth am 6. August 1870.
7. Franz Bauer, Unterlieutenant im k. b. 9. Inf.- Reg., gefallen in der Schlacht bei Wörth am 6. August 1870.
8. Franz Stecher, Corporal im k. b. 9. Inf.- Reg., gefallen in der Schlacht bei Wörth am 6. August 1870.
9. Franz Ullrich, Soldat im k. b. 9. Inf.- Reg., gefallen in der Schlacht bei Wörth am 6. August 1870.
10. Aloys Sigmund, Soldat im k. b. 9. Inf.- Reg., gefallen in der Schlacht bei Wörth am 6. August 1870.
11. Gustav Reisert, Einjährig-Freiwilliger im k. b. 9. Inf.-Reg., gestorben in Folge Verwundung in der Schlacht bei Wörth in Wörth am 23. August 1870.
12. Markus Herbert, Soldat im k. b. 9. Inf. - Reg., gestorben in Folge Verwundung in der Schlacht bei Wörth im Johanniterspitale zu Plochingen am 8. September 1870.
13. Johann Behringer, Corporal im k. b. 9. Inf.-Reg., in Folge Verwundung vor Paris, gestorben in Pont-Antony am 16. Oktober 1870.
14. Friedrich Renner, Unterlieutenant im k. b. 9. Inf.- Reg., gefallen in Bourg la Reine am 8. Oktober 1870.
15. Christian Reiss, Unterkanonier im k. 3. Art.- Reg., gestorben im Feldspitale zu Etampes am 24. Oktober 1870.
16. Jos. Julius Oefelein, Soldat im k. 27. Landw.- Bat., gestorben in Ligny am 3. November 1870.
17. Michael Leuckert, Unterkanonier im k. 2. Art.-Reg., gestorben im Aufnahmsfeldspital zu Sedan am 5. Novbr. 1870.
18. Philipp Heffner, Assistenzarzt beim k. b. Aufnahmsfeldspital Nr. V., gestorben in Sedan am 9. November 1870.
19. Carl Göpfert, Soldat im k. b. 9. Inf.- Reg., gestorben im Feldspitale zu Massy am 9. November 1870.
20. Georg Macher, Hauptmann im k. b. 9. Inf.-Reg., gestorben in Lagny am 4. Dezember 1870.

21. Thomas Lohrey, Unterlieutenant im k. b. 2. Art. - Reg., gefallen vor Paris am 15. Januar 1871.
22. Emil von Heffner-Alteneck, Oberlieutenant im k. b. 2. Art. - Reg., gestorben zu München am 13. August 1871.
23. Georg Michal, Oberlieutenant im k. b. 2. Art.-Reg., gestorben im Hauptfeldspital Nr. V. in Frankreich am 19. Oktober 1871.

5. Bei Internirung der zahlreichen französischen Kriegsgefangenen, welche über ganz Deutschland verbreitet wurden, traf auch auf die Stadt Würzburg und die Festung Marienberg ein entsprechender Theil.

Es wurden nämlich im Ganzen ca. 100 französische Offiziere in der Stadt und ca. 5000 Mann auf der Festung untergebracht. Während die Offiziere freie Bewegung in der Stadt und in deren nächsten Umgebung genossen, durften die auf der Festung Internirten nur abtheilungsweise die Stadt besuchen.

Abgesehen von wiederholten Gerüchten über Waffenankäufe und beabsichtigte Durchbruchsversuche, dann vereinzelten Fällen von Trunkenheit kam übrigens Nichts vor, was als eine Unannehmlichkeit der Internirung zu erwähnen wäre.

§ 2.
Ortsgesetze.

Von Localgesetzen sind lediglich die auf Grund des Art. 41 der Gemeindeordnung für die Landestheile diess. des Rheins erlassenen Ortspolizeivorschriften zur Sicherung und Controlle des Getreide- und Mehlaufschlags anzuführen.

Nach eingehenden Verhandlungen und Recherchen über die zweckmässigste Art der Erhebung und Controlle des Getreide- und Mehlaufschlags wurden vom Magistrat unterm 20. Okt. 1870 neue Bestimmungen über die Sicherung und Controlle des erwähnten Lokalgefälles erlassen, und nachdem die zur Durchführung der neuen Einrichtung erforderlichen Genehmigungen ertheilt, und die nöthigen Vorbereitungen (Erlassung der Instruction für das Erhebungs- und Aufsichtspersonal, Einrichtung eines neuen Amtslokales, Aufnahme der bei den Müllern vorhandenen sämmtlichen Mehlvorräthe) getroffen waren, unterm 3. Juni 1871 publicirt.

Die Hauptänderung gegen früher bestand darin, dass der Aufschlag von dem auf den Mühlen des Stadtbezirks vermahlenen aufschlagpflichtigen Getreide nach dem Gewichte und nicht nach dem aus dem Getreide gewonnenen Mehl erhoben und berechnet werden sollte.

Trotz der gegen die neue Einrichtung von Mühlbesitzern und Mühlpächtern erhobenen Einwendungen wurde dieselbe in Vollzug gesetzt, ohne dass sich ein Bedürfniss zu irgend einer Aenderung ergeben hätte. Dass das angestrebte Ziel der Einführung einer möglichst rationellen, und die Stadtkasse gegen Hinterziehungen schützenden Acciserhebung erreicht wurde, werden die Betheiligten noch selbst zugestehen und die Accisrechnungen in der Folge ausweisen.

§ 3.
Das Stadtgebiet. Stromverhältnisse.

1. Die im August 1871 als Vorbereitung für die Volkszählung vorgenommene Gebäudezählung ergab folgenden Stand:

1. Privatgebäude:
a) bewohnbare 2779
b) anderen Zwecken dienende 1231
im Ganzen . 4010

2. Oeffentliche Gebäude:
a) Kirchen und Kapellen 33
b) Cultusgebäude 55
c) Unterrichtsgebäude 49
d) Gebäude für Wohlthätigkeit und Krankenpflege 80
e) Gebäude für andere Zwecke des öffentlichen Dienstes . . . . , ... 210
f) Gebäude für Gemeindezwecke 48
im Ganzen . 475

wovon 258 mit Wohnungen.

Bei einer Vergleichung mit der Zählung vom Jahre 1867 ergibt sich Folgendes:

Gebäude.	1867.	1871.
Privat-	3588	4010
Oeffentliche ...	490	475
Im Ganzen	4078	4485
Bewohnte	2598	3037
Unbewohnte ...	1480	1448
Im Ganzen ...	4078	4485

Es hat sonach in den vier Jahren 1867 bis 71 die Zahl der Gebäude im Ganzen um 407 und die Zahl der bewohnten um 439 zu- die der unbewohnten dagegen um 32 abgenommen. Das Verhältniss der Einwohnerzahl zu den bewohnten Gebäuden ist sich annähernd gleich geblieben. Unter den obigen 439 bewohnten Gebäuden darf man sich übrigens nicht bloss „neugebaute" Wohnhäuser vorstellen; es befinden sich darunter vielmehr manche Nebengebäude, die im Laufe der fraglichen Periode nur mit Wohnungen eingerichtet worden sind.

2. Von den im Stadtgebiet befindlichen Gewässern kommt bezüglich des Verkehrs und der Ueberschwemmungsgefahr lediglich der Main in Betracht.

Besitzen wir auch noch keine vollständig bearbeitete Statistik des Stromverkehrs bei Würzburg und der Hochwasserverhältnisse des Maines, so ist doch eine Reihe von Thatsachen festgestellt, deren Kenntniss für die Beurtheilung der bezüglichen Verhältnisse Wichtigkeit hat.

So entnehmen wir der Zeitschrift des k. b. statistischen Bureaus Jahrgang 1871 über den Schiffs- und Flossverkehr bei Würzburg im Jahre 1870 Folgendes:

a) Schiffsverkehr.

Vorübergegangen sind hier während des Jahres 1870 im Ganzen 2072 Schiffe und zwar 556 Kanalschiffe, 1508 Hümbelschelche und 8 Weidschelche.

Hievon treffen auf die Thalfahrt 1043 und auf die Bergfahrt 1029 Schiffe.

Obige 2072 Schiffe vertheilen sich auf die einzelnen Monate, wie folgt:

Januar	49
Februar	6
März	264
April	197
Mai	265
Juni	302
Juli	217
August	139
September	196
October	247
November	139
Dezember	51
	2072

Geladen hatten diese Schiffe im Ganzen 746,027 Zentner Güter und zwar die zu Thal vorübergehenden Schiffe 486,980 und die zu Berg vorübergehenden 259,047 Zentner.

Die Hauptfracht bestand

bei den zu Thal vorbeigegangenen Schiffen in:

Getraide	362,020 Ztr.
Gyps und Gypsstein	79,050 „
Colonialwaaren	31,550 „

bei den zu Berg vorbeigegangenen Schiffen in:

Holz	96,700 Ztr.
Colonialwaaren	83,017 „
Steinkohlen	37,760 „
Basaltsteinen	17,600 „ .

b) Flossverkehr.

Es gingen im Ganzen vorüber 1454 Flösse mit 479 Flössern und zwar im Monat

März	78
April	182

Mai	215
Juni	242
Juli	181
August	17
September	193
October	147
November	199
	1454

Schiffs- und Flossverkehr zeigten im Sommersemester des Jahres 1870 in Folge des Krieges eine Abnahme gegen das vorhergegangene Jahr.

Beweisen schon die obigen Ziffern die Wichtigkeit der Wasserstrasse für den Transport von Getraide, Holz, Steinen und Kohlen, so lässt sich mit aller Bestimmtheit behaupten, dass die Wasserstrasse nach Herstellung der für den Stromverkehr unentbehrlichen Anlagen und nach ihrer Verbindung mit dem Bahnnetz bei Würzburg für den Gütertransport und den dabei betheiligten Handels- und Schifferstand eine neue erhöhte Bedeutung gewinnen müsste. Es ist daher nur dringend zu wünschen, dass die seit einigen Jahren angeregte und von der k. Staatsregierung ins Auge gefasste Herstellung einer Hafen- und Ländeanstalt, sowie einer directen Verbindung zwischen Strom und Bahn baldmöglichst zur Ausführung gebracht werden, und dass der Verkehr auf dem Mainstrome nicht fernerhin Einrichtungen entbehren muss, welche an den schiffbaren Strömen und Gewässern aller rationell wirthschaftenden Staaten längst bestehen

Obgleich die vorerwähnten Einrichtungen zunächst dem allgemeinen Landesinteresse dienen und daher als Landesangelegenheit von Staats wegen auszuführen sind, hat sich doch die hiesige Stadtgemeinde auf Ansinnen der Staatsregierung wegen des unverkennbaren Vortheils dieser Verkehrsverbesserungen für den lokalen Handel und Verkehr dazu verstanden einen Theil der Anlagen und des Betriebs auf ihre Kosten zu übernehmen.

Wird nämlich vom Staate die Hafen- und Ländeanstalt und die Bahnverbindung zum Maine hergestellt, so übernimmt die Gemeinde den Bau eines Lager- und Aufscherhauses mit Brückenwaage, die Aufstellung der erforderlichen Krahnen, sowie die Unterhaltung, Beaufsichtigung und den Betrieb der Krahnen und des Lagerhauses.

3. Ein Theil der Stadt und Stadtmarkung ist bei Hochwasser der Ueberschwemmung (Inundation) durch den Main ausgesetzt. Als Inundationsgebiet gilt nun z. Z. jenes Stadtterrain, dessen Oberfläche bei einem Wasserstand von 21 Fuss 3 Zoll $= 6{,}18$ m vom Maine überfluthet wird. Man nimmt nämlich an, dass der Wasserstand vom 30. März 1845 mit 21 Fuss 3 Zoll der höchste ist, den der Main erreichen kann, und dass daher das höher als 21 Fuss 3 Zoll über Niederwasser gelegene Terrain von der Inundation frei ist. Dass diese Annahme unter allen Umständen zutrifft, und der Main nicht doch noch höher steigen könne, ist übrigens damit keineswegs gesagt.

Für die Wirkungen des Hochwassers kömmt übrigens nicht allein die Oberfläche der Strassen und der Ufer, sondern auch der unter der Strasse gelegene, überbaute Grund und Boden in Betracht. In Folge des natürlichen Ablaufes dringt nämlich das Wasser unterirdisch viel weiter in die Stadt ein, als die Oberfläche überschwemmt ist. Alle Keller, welche tiefer liegen, als der treffende Wasserstand des Maines, und mit dem letzteren irgendwie communiciren, müssen sich mit Wasser füllen. Durch Aufnahme der Höhenlage der Kellerräume ist daher zu ermitteln, bei welchem Wasserstande sich dieselben mit Wasser füllen werden.

Den Wasserstand zeigt der Pegel an der Treppe nächst dem eisernen Krahnen, und der Hochwasserpegel beim letzten Brückenbogen am linken Mainufer an.

Wenn der oberhalb Würzburg in Schweinfurt und Hassfurt eingetretene Hochwasserstand auch maassgebend für die hier eintretende Wasserhöhe ist, so trifft dies doch nicht in solcher Weise zu, dass man nach dem Wasserstand dieser Orte die hier eintretende Wasserhöhe im Voraus berechnen könnte; ebenso ist die Geschwindigkeit, mit welcher das Wasser wächst, bei den verschiedenen Hochwasserständen sehr verschieden, und kann man daher auch über die Zeit, in welcher das Wasser hier angelangt sein wird, eine sichere Berechnung nicht anstellen. Wer sich in diesen Sachen daher auf Berechnung verlässt, kann leicht irren, und empfiehlt es sich desshalb für Alle, welche sich schützen wollen, nicht bis zum letzten Augenblick das niedrigste Maass anzunehmen, sondern stets die Möglichkeit eines rascheren und stärkeren Steigens des Wassers im Auge zu behalten.

Es liegen uns die Hochwasserstands-Beobachtungen an den Pegeln zu Schweinfurt und Würzburg für die Jahre 1841 bis 1870 vor, und ergibt sich aus diesen, dass zwischen den Hochwasserständen zu Schweinfurt und Würzburg die Differenz bis zu 6 Fuss 4 Zoll beträgt, dass bisweilen das Wasser hier ganz dieselbe Höhe erreichte, wie in Schweinfurt, dass es bis zu 2 Fuss 10 Zoll unter dem Schweinfurter Wasser blieb, und hier auch bis zu 3 Fuss 6 Zoll höher stieg, als in Schweinfurt.

Die Wahrscheinlichkeit, dass das Wasser hier eine geringere Höhe als in Schweinfurt erreicht, steht allerdings im Verhältniss wie 4 : 1; allein es genügt, dass unter fünfmal das Wasser einmal höher steigt, als in Schweinfurt, um das Vertrauen auf die Annahme, dass wir hier weniger Wasser bekommen, sehr zu schwächen.

Um den bei der Sache Interessirten Gelegenheit zu Conjecturen zu geben, lassen wir die vergleichende Wasserstandstabelle hier folgen, wobei wir bemerken, dass nur Pegelstände mit mindestens 10 Fuss in Würzburg eingetragen sind.

Vergleichende Uebersicht der Hochwasserstände zu Schweinfurt und Würzburg.

Jahr.	Monat.	Tag.	Schweinfurt.		Würzburg.		Differenz.	
			Fuss.	Zoll.	Fuss.	Zoll.	Mehr.	Weniger.
1841	Januar	18.	11	13	—	—		
	„	19.	14	—	10	9		3.3
	„	20.	13	2	16	9	3.7	
	„	21.	12	—	14	5	2.5	
	„	22.	—	—	10	6		
1842	April	3.	12	—	—	—		

Jahr.	Monat.	Tag.	Schweinfurt.		Würzburg.		Differenz.	
			Fuss.	Zoll.	Fuss.	Zoll.	Mehr.	Weniger.
1842	April	4.	11	3	11	5	0.2	
"	"	5.	—	—	10	1		
1843	Januar	31.	10	9	—	—		
"	Februar	1.	11	11	10	3		1.8
"	"	2.	—	—	11	7		
1844	"	27.	10	11	—	—		
"	"	28.	14	9	11	2		
"	"	29.	12	4	14	9	2.5	3.7
"	März	1.	—	—	11			
"	"	5.	11	11	—	—		
"	"	6.	12	11	—	—		
"	"	7.	11	9	—	—		
"	"	29.	10	9	—	—		
1845	"	28.	12	2	—	—		
"	"	29.	17	6	14	8		2.10
"	"	30.	15	6	21	3	5.9	
"	"	31.	14	8	16	10	2.2	
"	April	1.	11	5	13	3	1.10	
"	"	2.	—	—	10	10		
"	Juni	1.	15	10	—	—		
"	"	2.	13	2	15	5	2.3	
"	"	3.	—	—	11	7		
"	Dezember	30.	10	7	—	—		
"	"	31.	13	—	—	—		
1846	Januar	1.	10	8	10	3		0.5
"	"	2.	10	9	—	—		
"	"	3.	10	—	—	—		
"	"	25.	12	7	—	—		
"	"	26.	11	2	11	7	0.5	
"	"	27.	11	—	10	7		0.5
"	"	28.	14	8	12	4		2.4
"	"	29.	12	10	13	5	0.7	
"	"	30.	10	8	10	10	0.2	
"	"	31.	10	—	—	—		
"	Februar	1.	10	—	—	—		
"	"	8.	10	9	—	—		
"	"	9.	11	4	9	11		1.5
"	"	10.	11	—	9	11		1.1
1847	"	19.	15	4	—	—		
"	"	20.	15	—	12	6		2.6
"	"	21.	13	3	13	8	0.5	
"	"	22.	10	11	11	7	0.8	

Jahr.	Monat.	Tag.	Schweinfurt.		Würzburg.		Differenz.	
			Fuss.	Zoll.	Fuss.	Zoll.	Mehr.	Weniger.
1848	Februar	8.	12	2	—	—		
	,,	9.	16	9	12	6		4.3
	,,	10.	14	8	16	3	1.7	
	,,	11.	12	3	12	9	0.6	
	,,	12.	10	1	10	1	—	—
1849	Januar	16.	13	7	—	—		
	,,	17.	—	—	14	3		
1850	Februar	4.	15	9	—	—		
	,,	5.	13	6	17	—	3.6	
	,,	6.	11	5	14	—	2.7	
	,,	7.	—	—	11	—		
1851	März	21.	11	1	—	—		
	,,	22.	10	7	—	—		
1852	Februar	7.	11	6	—	—		
	,,	8.	14	9	12	3		2.6
	,,	9.	11	2	13	3	2.1	
	,,	10.	—	—	10	6		
1854	,,	3.	11	5	—	—		
	,,	4.	—	—	10	—		
	Dezember	18.	14	9	—	—		
	,,	19.	10	9	12	9	2.0	
	,,	25.	10	3	—	—		
1855	März	1.	10	3	—	—		
	,,	2.	10	6	10	3		0.3
	,,	3.	11	10	10	6		1.4
	,,	4.	14	2	12	8		1.6
	,,	5.	13	8	13	10	0.2	
	,,	6.	10	6	12	3	1.9	
1856	Januar	25.	12	6	—	—		
	,,	26.	14	—	11	8		2.4
	,,	27.	12	9	12	9	—	—
	,,	28.	10	8	11	5	0.9	
1860	März	31.	12	9	—	—		
	April	1.	14	—	10	1		3.11
	,,	2.	11	1	12	5	1.4	
	,,	3.	—	—	10	2		
1862	Januar	11.	10	10	—	—		
	Februar	1.	15	10	—	—		
	,,	2.	15	4	17	3	1.11	
	,,	3.	15	—	15	6	0.6	
	,,	4.	11	—	14	—	3.0	
	,,	5.	—	—	11	3		

Jahr.	Monat.	Tag.	Schweinfurt.		Würzburg.		Differenz.	
			Fuss.	Zoll.	Fuss.	Zoll.	Mehr.	Weniger.
1865	April	9.	10	9	—	—		
	„	10.	12	1	10	5		1.8
	„	11.	11·	1	11	—		0.1
	„	12.	—	—	10	1		
1867	Januar	11.	10	10	—	—		
	Februar	10.	13	—	—	—		
	„	11.	12	11	11	8		1.3
	„	12.	—	—	11	4		
	April	11.	11	5	—	—		
	„	12.	10	8	10	11		0.3
1869	November	30.	13	6	—	—		
	Dezember	1.	12	—	10	9		1.3
	„	2.	—	—	10	4		
	„	19.	10	10	—	—		
	„	20.	12	3	10	6		1.9
	„	21.	13	5	11	—		2.5
	„	22.	11	4	12	2	0.10	
	„	23.	—	—	10	3		
1870	August	13.	10	1	—	—		
	November	3.	12	1	—	—		
	Dezember	21.	15	4	—	—		
	„	22.	13	8	13	6		0.2
	„	23.	—	—	11	9		

Eine vergleichende Zusammenstellung der Hassfurter und hiesigen Pegelstände besitzen wir nicht.

Es wäre gewiss eine höchst dankenswerthe Arbeit, wenn von Seite der Kreiswasserbaubehörde eine Uebersicht sämmtlicher bekannter Hochwasserstände des Maines von Bamberg bis Frankfurt hergestellt und bekannt gegeben und damit für die Wahrscheinlichkeitsberechnung eine festere Grundlage geboten würde, als wir zur Zeit besitzen.

§ 4.
Einwohnerstatistik, Geburten, Trauungen, Sterbfälle, Steuerverhältnisse.

1. Die Volkszählung des Jahres 1867 ergab für Würzburg eine Bevölkerungszahl von
42,185 Seelen.

Nach der am 1. Dezember 1871 vorgenommenen Zählung belief sich die Bevölkerung auf
40,008 Seelen.
Es liegt daher der Anschein vor, als ob die Einwohnerzahl in den vier Jahren von 1867 bis 1871 um ca. 2100 abgenommen habe und die Stadt im Rückgang bgriffen sei.
Allein dies ist nicht der Fall.
Die obige Erscheinung erklärt sich vielmehr, wie sogleich nachgewiesen werden soll, nicht aus der Bewegung der Bevölkerung, sondern aus der Verschiedenartigkeit des bei beiden Zählungen eingehaltenen Zählungsverfahrens.
Bei der Zählung vom Jahre 1867 wurde nämlich das „Domicil" des zu Zählenden als entscheidend angesehen, und daher namentlich Jeder, der als Soldat zu einer hier garnisonirden Militärabtheilung gehörte, gleichviel ob er sich im Augenblick der Zählung hier aufhielt oder nicht, als zur Einwohnerschaft Würzburgs gehörig mitgerechnet.
Bei der am 1. Dezember 1871 vorgenommenen Zählung dagegen wurden nur die „Ortsanwesenden" gezählt, d. h. nur jene Personen wurden als Einwohner der Stadt gerechnet, welche in der Nacht vom 30. November auf den 1. Dezember wirklich in der Stadt Würzburg anwesend waren.
Welchen Einfluss dies auf das Zählungsergebniss hatte, zeigt sich am deutlichsten, wenn man die „Civil- und Militärbevölkerung" der beiden Zählungen auseinander hält.
Die Civilbevölkerung bestand im Jahre 1867 aus
15,024 Personen männlichen,
18,616 Personen weiblichen Geschlechts und sohin aus . . . 33,640 Personen im Ganzen.
Als zur Militärbevölkerung gehörig waren gerechnet: 8,529 Köpfe.
Die Zählung vom Jahre 1871 ergab ohne Ausscheidung der Civil- und Militärbevölkerung eine ortsanwesende Einwohnerschaft von
19,487 Personen männlichen und
20,521 Personen weiblichen Geschlechts und daher von . 40,008 Personen im Ganzen.
Hievon zählten 2,821 Köpfe zu der ortsanwesenden Militärbevölkerung.
Es ergibt sich hiernach für die „Civilbevölkerung" eine Anzahl von 37,187 Köpfen d. i. um 3547 Civilstandsangehörige mehr,

als im Jahre 1867. Die Thatsache einer wirklichen Zunahme der Stadteinwohner ergibt sich aber unwiderleglich aus einer Vergleichung der in den beiden Zählungsjahren vorhandenen weiblichen Bevölkerung, auf deren Zahl die militärischen Verhältnisse keinen Einfluss haben; es wurden nämlich

im Jahre 1867 . . 18,616 und
im Jahre 1871 . . 20,521

Personen weiblichen Geschlechts gezählt, was bei diesem Geschlecht eine Zunahme von 1905 zeigt, und woraus zugleich hervorgeht, dass die dem Civilstand angehörige männliche Bevölkerung etwas schwächer, nämlich nur um 1642 Köpfe zugenommen hat. Dass der der Zählung vorausgegangene Krieg nicht als ein der Zunahme der Bevölkerung günstiges Verhältniss in Betracht kömmt, muss ebenfalls berücksichtigt werden, wenn man die gegebenen Ziffern richtig beurtheilen will.

2. Das durch die Zählung vom Jahre 1871 gewonnene reiche statistische Material ist vom k. b. statistischen Bureau bearbeitet und werden die Ergebnisse dieser Arbeit wohl in Kurzem zur Veröffentlichung kommen; wir müssen diese Publication abwarten und uns vorbehalten, im nächstjährigen Berichte das für unsere Stadt Wichtige daraus mitzutheilen.

Einstweilen mag die Zahl und Vertheilung der Einwohnerschaft auf die einzelnen Stadtdistricte nach dem Stande vom 1. Dezember 1871 hier angegeben sein:

District.	Zahl der Haus-Nummern.	Zahl der Haushaltungen.	Zahl der Anwesenden.		
			Männlich.	Weiblich.	Im Ganzen.
I.	604	2,038	5,073	5,371	10,444
II.	583	1,926	4,353	4,882	9,235
III.	372	1,443	3,217	3,602	6,819
IV.	508	1,712	3,680	4,063	7,743
V.	329	1,048	3,164	2,603	5,767
Sa.	2,396	8,167	19,487	20,521	40,008

3. Ueber die Zahl der Geburten, Trauungen und Sterbfälle des Jahres 1871, sowie über die Todesursachen geben die nachfolgenden Zusammenstellungen Aufschluss:

a) Ge-

Im Ganzen			Eheliche			Uneheliche		
männliche	weibliche	zusammen	männliche	weibliche	zusammen	männliche	weibliche	zusammen
617	582	1199	438	421	859	180	160	340

b) Trau-

Religion der getrauten Paare.						Stand der Getrauten.			
gleicher Confession			gemischter Confession.	nicht christl. Confessionen.	Summa der getrauten Paare.	Darunter waren Verehelichungen von			
Katholiken	Protest. u. Reformirten.	andere christl. Confess.				Junggesellen mit		Wittwen mit	
						Jungfrauen	Wittwen	Junggesellen	Wittwern
262	38	—	64	8	372	304	20	45	3

c) Sterb-

Kinder:

Knaben		Mädchen		Zusammen	
eheliche	uneheliche	eheliche	uneheliche	männliche	weibliche
232	100	224	101	332	325

Ueber-
über die Zahl der Eheschliessungen, der Gebornen und der Gestorbenen

Gegenstand.		Januar	Februar.	März.	April.
Zahl der Eheschliessungen . . .		16	23	4	26
Zahl der Gebornen	männlich	59	50	59	58
	weiblich	57	47	56	55
	überhaupt	116	97	115	113
Zahl der Gestorbenen (incl. der Todtgebornen)	männlich	113	97	113	99
	weiblich	84	65	73	82
	überhaupt	197	162	186	181

b u r t e n:

Darunter sind						Geburten		
Todtgeboren								
eheliche		uneheliche		Summa		Zwillinge	Drillinge	Molen
männlich	weiblich	männlich	weiblich	männlich	weiblich			
15	12	11	11	26	23	—	—	—

u n g e n.

Alter der Getrauten:									
unter 20 Jahren		von 20—25 Jahren		von 25—30 Jahren		von 30—40 Jahren		von 40—60 Jahren	über 60 Jahren
männl.	weibl.	männl.	weibl.	männl.	weibl.	männl.	weibl.	männl.	weibl.
—	16	23	90	121	113	163	101	61	52	4	—

fälle.

Personen über 14 Jahre:			Summa aller Sterbfälle:		
männliche	weibliche	zusammen	männliche	weibliche	zusammen
617	497	1114	949	822	1771

sicht
nach Monaten in dem Stadtbezirke Würzburg für das Jahr 1871.

Mai.	Juni.	Juli.	August.	Septemb.	October.	Novemb.	Dezemb.	Ueberhaupt im Jahre.
29	28	35	43	35	45	61	27	372
38	47	61	50	39	44	46	66	617
42	46	50	49	44	47	34	55	582
80	93	111	99	83	91	80	121	1199
70	77	71	56	69	48	62	74	949
76	64	64	68	56	51	57	82	822
146	141	135	124	125	99	119	156	1771

Es ergibt sich daraus gegen das Vorjahr als Folge des Krieges eine Abnahme der Geburten um 174. Die hohe Zahl der Sterbfälle ist ebenfalls zum Theil auf Rechnung des Krieges, ferner der Internirung von ca. 5000 französischen Kriegsgefangenen, um welche sich die Bevölkerung zeitweise vermehrte, und auf die Blatternepidemie zu schreiben.

Nr.	Todesursachen.	Summa männl.	weibl.	überhaupt
	I. Todtgeborne:			
1	nach natürlicher Geburt	23	17	40
2	nach künstlicher Geburt	3	6	9
	II. Bald nach der Geburt gestorben:			
3	durch Lebensschwäche	36	19	55
4	durch Bildungsfehler	1	—	1
5	*III. Altersschwäche (Marasmus senilis).*	40	53	93
	IV. Tod durch äussere Gewalt (mech. und chem. Schädlichkeit).			
6	Selbstmord	—	2	2
7	Unglücksfälle	9	—	9
	V. Tod in Folge der Schwangerschaft und des Kindbettes.			
8	Eclampsie der Schwangeren und Gebärenden	—	1	1
9	Verblutung	—	1	1
10	Kindbettfieber	—	5	5
	VI. Tod durch acute, nicht chirurgische Krankheiten.			
11	Typhus abdominalis	37	17	54
12	Ruhr	33	6	39
13	Cholera nostras	2	2	4
14	Durchfall der Kinder	32	43	75
15	Menschenblattern	44	30	74

Nr.	Todesursachen.	Summa		
		männl.	weibl.	überhaupt
16	Scharlach	14	9	23
17	Masern und Rötheln	14	7	21
18	Erysipelas	1	2	3
19	Keuchhusten	15	4	19
20	Influenza	2	1	3
21	Acuter Rheumatismus	2	1	3
22	Fraisen, Eclampsie der Kinder, Trismus	21	31	52
	Entzündung des Gehirns und des Rückenmarkes.			
23	a) Meningitis cerebro-spinalis	2	—	2
24	b) Hydrocephalus acutus infantum	11	9	20
25	c) übrige Entzündungen	23	25	48
26	Entzündungen d. Rachens, d. Kehlkopfes (Croup, Diphtherie)	20	22	42
27	Entzündungen d. Lunge, d. Bronchien, des Rippenfelles	124	116	240
28	Entzündungen des Schlundes, Magens, Darmes und Bauchfelles	30	25	55
29	Ileus (Darmverschlingung)	1	2	3
30	Entzündungen der Leber und Milz	2	3	5
31	,, - ,, Harnwerkzeuge	6	—	6
32	,, ,, Geschlechtsorgane	1	1	2
33	,, ,, Gefässe (Pyämie)	1	—	1
	VII. Tod durch chronische, nicht chirurgische Krankheiten			
34	des Gehirns	2	11	13
35	des Rückenmarkes	1	4	5
36	des Herzens und der grossen Gefässe	13	29	42

Nr.	Todesursachen.	Summa		
		männl.	weibl.	überhaupt
	des Kehlkopfes, der Bronchien, der Lunge, des Rippenfelles			
37	a) Tuberkeln	7	5	12
38	b) übrige Krankheiten	2	3	5
	des Rachens, der Speiseröhre, des Magens			
39	a) Krebs	18	19	37
40	b) übrige Krankheiten	2	8	10
41	des Bauchfelles und der Gedärme	5	4	9
42	der Leber und Milz (hieher Icterus, Leucaemia)	3	2	5
43	der Harnwerkzeuge (mit Ausnahme der Blasensteinkrankheit)	13	3	16
	der weiblichen Geschlechtsorgane			
44	a) Krebs	—	13	13
45	b) übrige Krankheiten	—	7	7
46	allgemeine Tuberkulose	183	128	311
47	Scropheln, Rhachitis, Osteomalacie	1	—	1
48	Syphilis	2	3	5
49	Wassersucht	8	13	21
50	Abzehrung a) der Kinder	22	42	64
51	b) der Erwachsenen	1	—	1
52	Epilepsie	3	3	6
53	Alcoholismus und Säuferwahnsinn	6	—	6
54	Geisteskrankheiten	6	3	9
	VIII. Tod durch einen plötzlichen Krankheitszufall			
55	Hirnschlagfluss (Apoplexia cerebri)	39	27	66
56	Lungenblutschlag, Lungenlähmung, Blutsturz (Apoplexia pulmonum)	13	11	24

Nr.	Todesursachen.	Summa		
		männl.	weibl.	überhaupt
	IX. Tod durch chirurgische Krankheiten			
57	Abscesse, Geschwüre, Fisteln	2	2	4
58	Hernien und Vorfälle	5	3	8
59	Knochen- und Gelenkkrankheiten	14	4	18
60	Brand a) Gangraena sphacelus, Verbrennen, Erfrieren, Kriebelkrankheit	5	4	9
61	„ b) Wasserkrebs (Noma)	—	1	1
62	Pyämie	11	6	17
63	Geschwülste (Neoplasmen)	5	2	7
64	*X. Tod durch unbestimmbare Ursachen*	7	2	9
	Summa	949	822	1771

4. Das Soll der directen Staatssteuern, das sich pro 1870 auf
105,212 fl.
belaufen hatte, stieg im Jahre 1871 auf
110,890 fl.

Ebenso mehrte sich die Zahl der Steuerpflichtigen von 8,423 auf 8,876.

Bezüglich der einzelnen Steuerarten traten die aus folgender Uebersicht zu ersehenden Aenderungen ein:

Steuer	1870.		1871.	
	Zahl der Steuerpflichtigen.	Steuerbetrag in Gulden.	Zahl der Steuerpflichtigen.	Steuerbetrag in Gulden.
a) Grundsteuer ...	1,333	5,434	1,397	5,435
b) Haussteuer	2,199	27,903	2,217	28,394
c) Gewerbsteuer*)..	3,067	33,948	3,329	36,153
d) Kapitalrentensteuer	1,861	26,774	1,943	29,840
e) Einkommensteuer.	2,920	11,153	2,947	11,068
Summa		105,212		110,890

*) Die Zahl der physischen Personen, welche selbständige Gewerbe

betreiben und versteuern, ist etwas niedriger, weil diejenigen, die mehrere mit ausgeschiedener Steuer angelegte Gewerbe betreiben, bei obiger Zahl auch mehrmals gerechnet wurden. Im Ganzen zählte die Stadt im Jahre 1871 an Fabrikanten, Kaufleuten, mechanischen Künstlern und Handwerkern 2879 Personen. Siehe unten § 13.

§ 5.
Vom Stadthaushalt.

I.

Die Stadtkämmereikasse und deren Nebenkassen schlossen pro 1871 mit folgenden effectiven Einnahmen und Ausgaben ab:

1. Die Stadtkämmereikasse mit:
   - Einnahmen . . 392,835 fl. 58 kr. - dl.
   - Ausgaben . . 338,505 fl. 15 kr. 2 dl.
   - Ueberschuss . 54,330 fl. 42 kr. 2 dl.
2. Die Schuldentilgungskasse mit:
   - Einnahmen . . 114,224 fl. 19 kr. 1 dl.
   - Ausgaben . . . 71,225 fl. 58 kr. 2 dl.
   - Ueberschuss . 42,998 fl. 20 kr. 3 dl.
3. Die Localschulkasse mit:
   - Einnahmen . . 7,596 fl. 3 kr. 3 dl.
   - Ausgaben , . . 4,228 fl. 18 kr. 2 dl.
   - Ueberschuss . 3,367 fl. 45 kr. 1 dl.
4. Die Stadtentfestigungskasse mit:
   - Einnahmen . . 5,717 fl. 47 kr. 1 dl.
   - Ausgaben . . . 4,583 fl. 45 kr. 1 dl.
   - Ueberschuss . 1,134 fl. 2 kr. - dl.
5. Die Bahnrealitätenkasse mit:
   - Einnahmen . . 15,830 fl. 12 kr. 3 dl.
   - Ausgaben . . . 11,343 fl. 12 kr. 2 dl.
   - Ueberschuss . 4,487 fl. — kr. 1 dl.
6. Die Pensionskasse für Beamte mit:
   - Einnahmen . . 2.821 fl. 53 kr. 2 dl.
   - Ausgaben . . . 2,653 fl. 35 kr. 3 dl.
   - Ueberschuss . 168 fl. 17 kr. 3 dl.

7. Die Pensionskasse für Polizeisoldaten mit:
   Einnahmen . . . . 1,459 fl. 15 kr.
   Ausgaben . . . . . 1,146 fl. 47 kr.
   Ueberschuss . . . 312 fl. 28 kr.
Der Abschluss dieser Kassen zusammen ist folgender:
   Einnahmen . . 540,485 fl. 29 kr. 2 dl.
   Ausgaben . . . 433,686 fl. 53 kr. - dl.
   Ueberschuss . 106,798 fl. 36 kr. 2 dl.

II.

Die voraufgeführten Gesammt-Einnahmen und Ausgaben vertheilen sich auf folgende Hauptposten, denen wir zur Vergleichung die entsprechenden Ziffern des Vorjahres beisetzen, nämlich:

A. Einnahmen.

	1871.			1870.		
	fl.	kr.	dl.	fl.	kr.	dl.
1. Kassabestand vom Vorjahre . . .	81,652	18	3	28,468	27	2
2. Directe Gemeinde-Umlagen . . .	81,098	15	3	72,538	27	1
3. Localmalzaufschlag	59,709	—	1	54,486	33	2
4. Fleischaccis	41,972	48	—	42,464	15	2
5. Von der Gasanstalt	39,000	—	—	40,000	—	—
6. Waizenmehlaccis	38,594	32	2	34,351	35	2
7. Aus Schuldaufnahme . , . .	36,094	56	3	31,281	30	—
8. Ertrag der Realitäten	26,747	52	—	28,181	15	2
9. Zinsen von Kapitalien	15,220	22	1	12,695	40	—
10. Beiträge der Staatskasse . . .	12,993	34	1	13,004	54	2
11. Von der Wasserwerkskasse . . .	11,000	—	—	12,000	—	—
12. Weinaccis	10,736	31	—	11,167	57	3
13. Aus Anstalten für Handel und Verkehr	10,343	36	1	14,285	54	2
14. Kornmehlaccis	10,248	31	—	11,170	29	2
15. Pflasterzoll	8,714	12	—	8,685	14	—
16. Von der Sparkasse	6,629	3	—	4,611	56	2
17. „ „ Kirchhofskasse	6,203	22	3	5,328	52	1
18. Ertrag aus Rechten	5,582	35	—	5,582	24	1
19. Beiträge von Stiftungen	5,380	26	3	5,198	37	1
20. Aus der Amtsführung der Gemeindebehörden	3,710	44	2	3,196	58	3
21. Holzzoll	3,685	50	3	3,160	16	2
22. Heimgezahlte Activcapitalien . .	3,370	—	—	5,760	—	—
23. Branntweinaccis	3,180	15	3	2,988	8	1
24. Kanalbeiträge	2,290	21	—	2,055	53	—
25. Schulgelder	—	—	—	4,791	58	2
26. Sonstige Einnahmen	16,326	19	1	14,111	31	3
Summa	540,485	29	2	471,568	22	—

Bemerkungen.

1. Der Stadthaushalt bewegte sich ohne irgend welche Störungen in den bei Beginn des Jahres durch die Etats gezogenen Grenzen. Die sämmtlichen Rechnungen wurden nach Vorschrift der Gemeindeordnung gestellt, geprüft und revidirt, die Kassen, ohne dass sich ein Anstand ergab, instructionsgemäss visitirt.

2. Zu den wichtigsten, nachhaltigsten und mit den wachsenden Ausgaben der Gemeinde am meisten Schritt haltenden Einnahmen gehören die aus den Lokalaufschlägen. Im Jahre 1871 kamen so unter Anderm zur Erhebung:

a) an Fleischaccis . . 41,972 fl. 48 kr. - dl.
b) an Waizenmehlaccis . 38,594 fl. 32 kr. 2 dl.
c) an Kornmehlaccis . . 10,248 fl. 31 kr. - dl.

Summa . . 90,815 fl. 51 kr. 2 dl.

Dieser Einnahmsquelle und damit der seitherigen Ordnung des Stadthaushaltes droht nun eine ernstliche Gefahr, wenn die unterm 28. Mai 1869 erlassene Verordnung über die Fleisch-, Getreide-, und Mehlaccise zum Vollzuge kommen sollte; es würde nämlich durch die in dieser Verordnung verfügte Herabsetzung der seitherigen Accise vom Jahre 1876 an ein Einnahmeausfall von ca. 40,000 fl. eintreten, der wol nur durch eine Erhöhung der directen Gemeindeumlagen um 50 % des seitherigen Betrages zu decken wäre.

Wir kennen die in der Theorie für und wider die Consumtionsauflagen geltend gemachten Gründe, und sind auch vollständig damit einverstanden, dass man zu einer Erhöhung oder Neueinführung solcher aus guten oder schlechten Gründen in einen gewissen Misscredit gekommenen Auflagen nicht greifen soll.

Allein wesentlich anders liegt die Sache, wenn es sich um die Beibehaltung oder Herabsetzung einer eingelebten, den Consumenten nicht fühlbaren Auflage handelt, namentlich wenn diese Auflage bei dem Steigen der Preise von Tag zu Tag einen kleineren Bruchtheil des Gesammtpreises ausmacht, und daher immer leichter getragen wird.

Die bei der Ermässigung und Aufhebung solcher indirecten Auflagen überall gemachten Erfahrungen begründen unsere Ueberzeugung, dass die Consumenten durch die Herabsetzung der seitherigen Tarifsätze nicht nur Nichts gewinnen, sondern noch einen directen fühlbaren Schaden leiden werden; es werden nämlich Fleisch und Brod nicht um einen Heller billiger werden, dagegen wird die an Stelle der indirecten Auflagen tretende Erhöhung der directen Umlagen, namentlich der Haussteuer zu einer Steigerung der Wohnungspreise führen.

Ob nämlich z. B. von einem Kalb wie bisher 20 kr. oder nur 10 kr., von einem Schwein 45 kr. oder 30. kr. Accis erhoben werden, das Pfund Fleisch wird dasselbe Geld kosten und der Wirth seine Portionen nicht grösser schneiden.

Der ganze Vortheil einer Tarifherabsetzung wird nicht den Consumenten, sondern nur einigen Gewerbtreibenden zu gute kommen, und desshalb erscheint dieselbe doch nicht gerechtfertigt.

Will die Gesetzgebung den Consumtionsauflagen ernstlich zu Leibe gehen, unbekümmert, was aus dem Haushalte der Städte wird, so mag dieselbe lieber den Accis ganz beseitigen; es fallen dann doch auch die unvermeidlichen Belästigungen und Beschränkungen des Gewerbsbetriebs und die Kosten der Einhebung und Controlle hinweg; die Herabsetzung bestehender Accise in einem Betrage, der sich bei dem Kleinverkauf auf die Consumenten nicht vertheilen lässt und nicht vertheilt wird, hat für die Gesammtheit der Umlagenpflichtigen keinen Nutzen, sondern nur den Nachtheil, dass sie, ohne das Fleisch und das Brod billiger zu bekommen, mehr directe Umlagen zahlen müssen.

3. Die Einnahme aus dem Schulgeld erscheint zum erstenmal nicht mehr, weil das Schulgeld von dem Jahre 1871 an aufgehoben wurde.

4. Die directen Gemeindeumlagen wurden im gleichen Procentsatze (42 kr. vom Steuergulden oder 70 %), wie im Jahre 1870 erhoben; ebenso kamen die indirecten Auflagen nach längst bestehenden Tarifsätzen zur Erhebung; der Rückgang des Fleisch-

accises hängt mit der Höhe der Fleischpreise, die Abnahme des Kornmehlaccises bei gleichzeitiger Zunahme des Weizenmehlaccises mit den verbesserten Erhebungs- und Controll-Einrichtungen zusammen. Das bedeutende Steigen der directen Umlagen zeigt nicht allein ein Wachsen der steuerzahlenden Einwohnerschaft, sondern auch ein absolutes Wachsen der Steuerkraft an.

5. Von den Zuschüssen des Staates an die Gemeinde bildet der Beitrag für die Polizeiverwaltung mit 9700 fl. den Hauptposten.

Es besteht nämlich in den unmittelbaren Städten des Königreiches mit Ausnahme der Haupt- und Residenzstadt München das eigenthümliche Verhältniss, dass diese Gemeinden nicht allein ihre eigenen Angelegenheiten zu verwalten, sondern auch Geschäfte der staatlichen Polizeiverwaltung mitzubesorgen haben.

Als Deckung für den hiedurch entstehenden Kostenaufwand sind den treffenden Gemeinden die im Ganzen wenig eintragenden polizeilichen Taxen überlassen, und wird vom Staate ein jährlicher baarer Zuschuss geleistet, der für die hiesige Stadt seit Langem in 9700 fl. besteht.

Diese Einnahmen reichen jedoch zur Deckung des Aufwandes, den die Gemeinden für die staatliche Polizeiverwaltung zu machen haben, weitaus nicht hin, und müssen daher beträchtliche Gemeindemittel alljährlich für diesen Zweig der Staatsaufgabe zugeschossen werden.

Mit der Zunahme der städtischen Bevölkerung, dem Wachsen der Geschäfte und der allgemeinen Preissteigerung tritt das Missverhältniss zwischen Leistung und Gegenleistung täglich stärker hervor.

Alle Versuche, einen dem wirklichen Aufwande wenigstens annähernden Zuschuss zu erlangen, waren bis jetzt ohne Erfolg.

Dauert dieses Missverhältniss noch einige Zeit fort und steigen die Ansprüche an die Stadtverwaltung in dem Maasse weiter, wie es seit dem letzten Decennium der Fall ist, so muss der Zeitpunkt kommen, in welchem die unmittelbaren Städte auf Abnahme einer fremden und theuren Geschäftssparte zu dringen genöthigt werden; es bleibt dies der einzige Weg zur Abschüttelung einer Ausgabe, die ohne nennenswerthen Vortheil für die Gemeinde tief in den Stadthaushalt eingreift.

Die Ansicht, dass die Polizei eine Anstalt nicht zum Schutze und Wohl der Bürger, sondern zur Vexation, Maassregelung und Unterdrückung der Freiheit sei, hat unter den heutigen Verhältnissen auch den Schein von Berechtigung verloren und ist damit der hauptsächlichste zu Gunsten der gegenwärtigen Einrichtung geltend gemachte Grund hinweggefallen.

Mit Trennung der Rechtspflege von der Verwaltung und Ueberweisung der gesammten Strafbefugniss an die Gerichte, mit Einführung der Pressfreiheit und des Versammlungsrechtes, mit der verstärkten politischen Macht der Volksvertretung und einer die Freiheit und den Schutz des Einzelnen mehr und mehr in erster Linie berücksichtigenden Gesetzgebung hat die Gewalt und Willkühr der Polizei ihr Ende erreicht, und ist dieselbe von der früheren offensiven Stellung in eine nahezu machtlose Defensive gedrängt worden.

Die wenigen unmittelbaren Städte des Königreiches können auch sehr wohl eine Competenz entbehren, die alle übrigen Gemeinden ohne Nachtheil nicht besitzen.

Mit der Abgabe der staatlichen Polizeiverwaltung würde abgesehen von der Kostenersparniss auch der Einmischung des Staates in die Communalangelegenheiten sehr viel Grund und Gelegenheit entzogen werden und damit die freie Bewegung der Gemeinde auf ihrem eigentlichen Gebiete entsprechend wachsen können.

B. Ausgaben.

	1871.			1870.		
	fl.	kr.	dl.	fl.	kr.	dl.
1. Verzinsung und Tilgung von Schulden	109,087	51	—	89,783	33	3
2. Strassenanlagen, Pflasterungen	55,179	52	3	75,130	13	1
3. Erziehung und Bildung	37,945	12	—	33,943	55	1
4. Besoldungen des Polizeipersonales	34,691	37	1	34,435	29	—
5. Auf Gesundheitspflege	33,942	38	3	18,849	18	2

	1871.			1870.		
	fl.	kr.	dl.	fl.	kr.	dl.
6. Besoldungen des Verwaltungspersonals	20,185	24	3	19,778	—	—
7. Wohlthätigkeit und Zuschuss zur Armenpflege	18,845	55	3	20,152	50	3
8. Ankauf von Realitäten	18,323	58	2	9,604	25	—
9. Auf Erhebung der Einnahmen	16,182	51	1	16,140	46	3
10. Unterhaltung der Gebäude und Neubauten	14,756	29	3	7,170	52	1
11. Stadtbeleuchtung	13,588	10	1	14,557	49	—
12. Pensionen und Alimentationen	11,763	41	3	11,471	23	1
13. Regie	9,514	28	—	8,998	26	—
14. Für Feldwege	4,953	58	1	3,239	51	—
15. Ausleihung von Activcapitalien	4,777	5	—	7,134	41	3
16. Für Messen, Märkte, Waag- und Eichanstalten	3,848	47	2	2,356	15	—
17. Auf das städtische Baupersonal	3,681	48	—	3,672	36	—
18. Oeffentliche Anlagen und Verschönerungen	3,586	1	1	3,727	52	—
19. Auf die Wehranstalten des Staates	2,148	32	1	6,313	3	1
20. Für das Löschwesen	2,070	5	2	1,863	1	2
21. Auf Bildung eines Localschulfondes	1,000	—	—	1,000	—	—
22. Sonstige Ausgaben	13,612*	23	2	3,100	31	2
Summa	433,686	53	—	392,424	54	3

Hiezu bemerken wir Folgendes:

1. Die Gesammtausgabe für Strassenbau und Strassenunterhaltung mit 55,179 fl. 52 kr. 3 dl. vertheilt sich hauptsächlich auf folgende einzelne Posten:

    a) Fortsetzung der Arbeiten am Rennwegerthordurchbruch . . . . . 15,025 fl. 57 kr. 2 dl.

    b) Herstellung der Grombühlstrasse . 2,524 fl. 6 kr. 3 dl.

    c) Erweiterung der Zwingerstrasse . 2,227 fl. 53 kr. - dl.

---

* Hierunter 9,354 fl. 31 kr. für den Empfang der vom Felde heimgekehrten Truppen.

d) Pflasterung eines Theiles der Ludwigstrasse, Herstellung einer Verbindungsstrasse von der Ludwigstrasse zur Karthause und Anzahlung am Kaufschillinge des abzubrechenden Kraus'schen Anwesens . . . 9,529 fl. 1 kr. - dl.
e) für Chausseen . . . . 1,549 fl. 19 kr. 1 dl.
f) für Strassenpflasterungen . . . . 19,827 fl. 53 kr. 1 dl.

Neugepflastert wurden ausser einem Theile der Ludwigstrasse: die Gerbersgasse, der unterste Theil der Neubaugasse mit dem Platz vor dem Schullehrerseminar und dem Johanniterplatz, dann die Maxstrasse.

Gesammtfläche des neuen Pflasters:
41,943 ☐ Fuss Basalt,
93,746 ☐ Fuss Kalkstein.

Reparaturpflaster:
39,457 ☐ Fuss.

g) Für Brücken und Flussufer . . . 1,528 fl. 45 kr.

2. Für das Theater wurden die Decorationen zur Zauberflöte, sowie ein italienischer Saal neu hergestellt. (Kosten 744 fl. 46 kr.)

Ferner wurde der Uebergang zur Pariser Orchesterstimmung als eine unabweisliche Forderung erkannt, und mussten desshalb die sämmtlichen Metallinstrumente abgeändert und die Holzinstrumente, bei denen die Abänderung nicht möglich war, neu angeschafft werden.

Die durch diese Aenderung veranlassten Kosten mit 871 fl. 30 kr. fanden theilweise ihre Deckung durch das von der Theater-Direction eingezahlte Erträgniss einer Extravorstellung.

3. Die gegen das Vorjahr beträchtlich höhere Ausgabe auf Gesundheitspflege wurde durch die Anlegung einer neuen Leichenhofsabtheilung, wofür eine Ausgabe von 9,904 fl. 59 kr. 1 dl. erwuchs, sowie durch Kanalneubauten und Kanalreparaturen im Betrage von 14,148 fl. 32 kr. 2 dl. gegen 9,280 fl. 14 kr. des Vorjahres veranlasst.

Es kam nämlich ein Hauptkanal von der Neubaugasse durch die Ritter- und Gothengasse zum Büttnersgassen-Kanal, ferner die Fortsetzung des Kanales vom Marktplatz zur Eichhorngasse, ferner Kanalbauten in der Gerbers- und Bäreugasse, endlich ein Kanalstrang im Sanderstadtgraben zur Ausführung.

Auf Reinigung der öffentlichen Strassen, soweit diese nicht Sache der Hausbesitzer ist, entstanden 5963 fl. 29 kr. 2 dl. Ausgaben.

4. Die im Maxschulgebäude befindliche mechanische Werkstätte der Kreisgewerbschule bildete schon seit Jahren einen Gegenstand des Anstosses nicht allein wegen der durch den ausgedehnten Betrieb veranlassten Störung des Unterrichtes, sondern auch wegen der mit den Schmiedearbeiten und der starken Feuerung unvermeidlich verbundenen Gefährdung und Beschädigung des Gebäudes.

Abhülfe war, wenn man den Betrieb der Werkstätte nicht auf das für den Unterricht unerlässliche Maass reduciren wollte, nur durch Verlegung der ganzen Werkstätte in ein anderes Gebäude zu erreichen.

Die hierwegen mit der k. Kreisregierung, dem Vorstande der mechanischen Werkstätte und der Kreisvertretung gepflogenen Verhandlungen führten endlich dazu, dass sich die Stadt gegen Ueberlassung der für die mechanische Werkstätte benützten Räume des Maxschulgebäudes zur Herstellung einer mechanischen Werkstätte an einem anderen passenderen Platze verpflichtete.

Zu diesem Zwecke wurde das vormals Arndt'sche Fabrikanwesen am Exercierplatz um 14,000 fl. und das daran anstossende Anwesen des Schreiners Hartmann um 4000 fl. angekauft, und darin die für den Betrieb einer mechanischen Werkstätte erforderlichen baulichen Einrichtungen getroffen. (Gesammtkostenaufwand 24,447 fl. 32 kr. 2 dl.)

5. Unter den Ausgaben auf Erhebung der Einnahmen sind verrechnet: Die Gehälter des Stadtkämmerei-, Accisamts- und Taxamts-Personals, die vertragsmässigen Tantiemen des k. Stadtrent-

beamten für Einhebung der directen Gemeindeumlagen, die Tantiemen des Schrannen- und Waagmeisters, die Besoldungen der Thorexaminatoren, der Accisnachgeher, des Weinvisirers, Schlachtbrückensperrers, die Tantiemen für Erhebung des Localmalzaufschlages etc.

6. Zu den grösseren Ausgaben für Unterhaltung der städtischen Gebäude gehören folgende:

a) Brandassecuranzbeiträge . . . . . 849 fl. 35 kr. 2 dl.
b) Anschaffungen in's Baumagazin . . 650 fl. 47 kr. — dl.
c) Einrichtung eines neuen Accisamtslocales im Schrannengebäude . . . 402 fl. 52 kr. 2 dl.
d) Reparatur des angekauften Arndt'schen Hauptgebäudes . . . . . 624 fl. 14 kr. — dl.
e) Herstellung von Polizeisoldaten-Wohnungen im Walkmühlgebäude . . . 529 fl. 20 kr. 2 dl.
f) Herstellung einer Normaluhr mit transparentem Zifferblatt im Grafen-Eckardt's-Thurme . . . . 1067 fl. — kr. — dl.

Diese Normaluhr, welche in vollständig befriedigender Weise durch die Mannhardt'sche Fabrik in München geliefert wurde, wurde hauptsächlich desshalb aufgestellt, um die wünschenswerthe Uebereinstimmung der sämmtlichen Thurmuhren herbeizuführen, was durch die freundliche Mitwirkung der verschiedenen öffentlichen Verwaltungen, unter deren Respicienz die hiesigen Thurmuhren stehen, auch gelungen ist.

7. Unter den Ausgaben Ziff. 16 ist auch eine durch die Einführung der neuen Maass- und Gewichtsordnung veranlasste Ausgabe von 1586 fl. 50 kr. enthalten.

8. Von den zum Complex des alten Bahnhofes gehörigen Objecten wurden weiter verkauft:

a) Die vormalige Locomotivhalle mit anstossendem Hofraum an das k. Militär-Aerar um . . . . 47,500 fl. — kr.;

b) 400 Quadratfuss Bauplatz an den Steigerer des Bauplatzes Nr. IV. in der Ludwigsstrasse um . . . . 233 fl. 20 kr.

c) 306 Decimalen Fläche vom vormaligen Bahneinschnitt an die Schürer'sche Fabrik um . . . . 306 „ — „

in Summa 48,039 fl. 20 kr.

9. Im Interesse künftiger Strassen-Erweiterungen und der Herstellung von Strassendurchbrüchen wurden im Jahre 1871 von der Stadt angekauft:

a) Das Anwesen des Schuhmachers Julius Kraus, D. I. Nr. 13 in der Wallgasse um . . . . . 5,000 fl.,

b) das Haus des Banquiers David Hirsch in der Augustiner-Gasse Nr. 10 mit Nebengebäude Schwanenhöfchen Nr. 4 um . . . . 42,000 „ und

c) das Anwesen der Privatierswittwe Ottilie Hofmann Distr. I. 227 in der Wallgasse um . . 20,000 „

Der gleichfalls angeregte und der Stadt ermöglichte Ankauf eines Theiles des Hauses Martinsgasse Nr. 11, Ecke der Eichhorngasse musste unterbleiben, weil das Gemeindecollegium auf seinem ablehnenden Beschlusse auch in der über diese Sache gehaltenen gemeinschaftlichen Sitzung beider Collegien beharrte, und dem Magistrat, der den Ankauf wiederholt einstimmig beschlossen hatte, daher nichts übrigte, als den Kauf und die mit demselben beabsichtigte theilweise Erweiterung der Eichhorngasse auf sich beruhen zu lassen.

III.

1. Die gesammte Stadtschuld durfte Ende des Jahres 1870 betragen:

1,888,162 fl. 57 kr., hievon waren im Jahre 1871 zu tilgen
42,776 „ 52 „ und durfte die Stadtschuld sonach Ende 1871
1,845,386 fl. 5 kr. betragen.

In Wirklichkeit bestand dieselbe in 1,728,175 fl. — kr., wovon nach dem Tilgungsplane weitere 9,647 „ 14½ „ zu tilgen waren.

An nicht erschöpften Crediten gingen auf das Jahr 1872 über

6,250 fl.	18½ kr.	für Erwerbung der Bahnhofrealitäten,
33,800 „	— „	für die Stadtentfestigung,
33,115 „	29 „	für das neue Sander-Schulhaus,
40,000 „	— „	für die Walleinebnung und Herstellung einer Strasse von der Ludwigsstrasse gegen den neuen Bahnhof,
13,692 „	32½ „	für die neue Strasse am Rennweg.

Auf Verzinsung und Amortisation der Stadtschuld sind zur Zeit planmässig 114,000 fl. per Jahr zu verwenden, und würde bei Einhaltung des Tilgungsplanes die ganze Schuld im Jahre 1898 getilgt sein.

Obiger Schuld steht folgendes Aktivvermögen gegenüber:

a)	Reines Vermögen	der Stadtkämmerei	1,694,759 fl.	11½ kr.
b)	„ „	der Localschulkasse	13,546 „	6½ „
c)	„ „	der Stadtentfestigungskasse	168,912 „	54½ „
d)	„ „	der Bahnhof-Realitätenkasse	401,738 „	53½ „
e)	„ „	der Pensionskasse für städt. Beamte und Bedienstete . . .	35,518 „	17½ „
f)	„ „	der Pensionskasse für Polizeisoldaten, deren Wittwen und Waisen	22,028 „	28 „
g)	„ „	des Localschulfondes	22,131 „	37½ „
h)	„ „	der Holz-Magazinskasse	96,116 „	39½ „

i) Reines Vermögen der Kirchhofs-Verwaltung . . . . 15,374 fl. 43 kr.
k) „ „ des Gaswerkes . . 449,706 „ 46½ „
l) „ „ des Wasserwerkes . 216,608 „ 39 „
m) „ „ der Sparkasse . . 75,233 „ 24½ „
n) „ „ des Pfandamtes . . 30,771 „ 53½ „
o) „ „ der Getreidhilfskasse 137,900 „ 46½ „
p) „ „ Aktivrezess und Aktivaussenstände der Schulden-Tilgungskasse . . . . . 47,331 „ 16 „

Summa 3,427,679 „ 37½ „

Der Stand des Gemeinde-Vermögens Ende des Jahres 1871 war demnach folgender:

Aktivvermögen . . . . 3,427,679 fl. 37½ kr.
Schulden . . . . 1,855,033 „ 19½ „*
Reines Vermögen . . . . 1,572,646 „ 17½ „
Mehr gegen das Vorjahr . . . . . 136,438 „ 17½ „

§ 6.
Schulwesen.

In Bezug auf das **Schulwesen** haben wir für das Jahr 1871 Folgendes zu berichten:

1. Gegen Ende des Jahres 1870 erliess die k. Kreisregierung für den Kreis Unterfranken und Aschaffenburg eine Lehrordnung, welche die Hindernisse eines gedeihlichen Unterrichtes möglichst

---

* Diese Ziffer bildet sich aus den oben angeführten 1,845,386 fl. 5 kr. unter Hinzurechnung der Mindertilgung von 9647 fl. 14½ kr.

zu beseitigen sucht, und den Unterrichtsstoff für die verschiedenen Schulclassen zweckmässig bestimmt, dann eine neue auf eine zeitgemässe und doch wirksame Disciplin in den Volksschulen berechnete Disciplinarordnung. Letztere trat sofort in Wirksamkeit, wogegen die Lehrordnung in den städtischen Schulen erst am 1. October 1871 in Vollzug zu setzen war. Zum Vollzuge derselben wurden nun vom Stadtmagistrate und der kgl. Localschulcommission die erforderlichen Anordnungen erlassen, insbesondere wurde, da die in der Lehrordnung getroffene Eintheilung der Schulclassen grösstentheils auf zwei Jahre berechnet ist, für Vertheilung des Unterrichtsstoffes auf die einclassigen hiesigen Volksschulen unter thätiger Mitwirkung des Lehrpersonals Sorge getragen.

2. Da die Zahl der Schüler der untersten Knabenschule des I. Schulsprengels über 100 gestiegen war, so wurde dieselbe mit dem Beginne des Sommersemesters 1871 in zwei Abtheilungen getheilt, die eine für die Schüler aus dem I., die andere für jene aus dem II. Stadtdistrikte.

Zum Zwecke der Theilung wurde eine weitere definitive Lehrerstelle geschaffen und ein entsprechendes Schullocal im Schulhaus an der unteren Juliuspromenade (Pleichacher Schulhaus) eingerichtet.

3. Das k. Staatsministerium des Innern für Kirchen- und Schulgangelegenheiten räumte mit Entschliessung vom 21. Aug. 1871 in Anerkennung der von der Stadtgemeinde für die Volksschulen übernommenen Leistungen dem Stadtmagistrat unter Mitwirkung der Gemeindebevollmächtigten das Präsentationsrecht bezüglich aller selbstständigen Lehrstellen an den städtischen Schulen ein.

4. Um die Einheit der Erziehungs- und Lehrmethode und das Ineinandergreifen des Unterrichts in den einzelnen Schulen der verschiedenen Schulsprengel zu fördern, wurde aus dem Lehrpersonal jedes Schulprengels unter dem Vorsitze eines vom Magistrate ernannten Obmannes ein Lehrerrath gebildet, der sich periodisch und sonst nach Bedürfniss zu versammeln, über die Schulangelegenheiten des Sprengels zu berathen und die Ergebnisse dem Magistrat zur Beschlussfassung zu unterbreiten hat. Diese

Einrichtung hat sich inzwischen in manchfacher Hinsicht als nützlich und fruchtbringend bewährt.

5. Diesen Bemerkungen lassen wir nachstehende statistische Notizen folgen:

a) Im Jahre 1871 bestanden einschliesslich der nach Obigem neuerrichteten Schule im Ganzen 39 städtische Werktagsschulen, nämlich 19 Knaben- und 20 Mädchenschulen.

Die Zahl der katholischen Schulen war 33, die der protestantischen 6. Von den 39 Schulen hatten 25 nur Schüler oder Schülerinnen einer Altersclasse, 14 hatten 2 oder mehrere Altersclassen. Besucht wurden diese 39 Schulen am Schlusse des Schuljahres 1870/71 von 2449 Kindern, nämlich von 1181 Knaben und 1268 Mädchen.

Durchschnittlich trafen daher auf eine Knabenschule 62, auf eine Mädchenschule aber 63 Schulkinder.

Die zur Uebung der Schulseminaristen eingerichtete, die werktagsschulpflichtigen Knaben aller Altersclassen aus mehreren Strassen des III. Stadtdistrikts aufnehmende Seminar-Uebungsschule zählte 53 Schüler.

In der auf Kosten des Militär-Aerars unterhaltenen s. g. Festungsschule auf Marienberg waren 20 werktagsschulpflichtige Kinder, nämlich 9 Knaben und 11 Mädchen.

In die von der israelitischen Cultusverwaltung errichteten israelitischen Schulen gingen 97 Schulkinder, nämlich 47 Knaben und 50 Mädchen.

b) Was die Sonntagsschulen betrifft, so hatte 1870/71 die Knaben-Sonntagsschule des Polytechnischen Vereins 842 Schüler. Die städtischen Mädchen-Sonntagsschulen zählten 422 Schülerinnen, so dass auf jede der vorhandenen 10 Schul-Atheilungen 42 Schülerinnen durchschnittlich treffen.

c) Den Turnunterricht, der im Jahre 1871 noch freiwillig war, besuchten während dieses Jahres 200 Knaben und 177 Mädchen, im Ganzen 136 Kinder mehr als im Vorjahre.

6. Ueber die ökonomischen Verhältnisse der hiesigen Volks-

schulen geben folgende aus der Rechnung der Localschulkasse entnommenen Ziffern Aufschluss:

Verausgabt wurden:

	fl.	kr.	dl.
a) Für Staatssteuern und Umlagen . . .	9	9	2
b) „ die Verwaltung	148	44	—
c) „ Besoldung der Lehrer	15,211	8	—
d) „ „ „ Lehrerinen	6,194	9	—
e) „ ständige Remunerationen des Lehrpersonales	806	40	—
f) „ Pensionen	1,555	50	—
g) „ Beheizung der Schulen	1,961	13	—
h) „ kleinere Schulbedürfnisse, Unterhaltung des Mobiliars etc.	2,382	7	1
i) „ die Unterhaltung der Turngeräthe und sonstige Bedürfnisse der Turnschule	151	27	2
k) „ Unterhaltung der Schulgebäude . .	860	59	2
l) „ die Knaben - Sonntags - Schulen Beitrag an den polytechnischen Verein	600	—	—
m) „ sonstige Zwecke	227	46	—
Summa	30,109	13	3

Diesen Ausgaben stehen folgende Einnahmen gegenüber:

	fl.	kr.	dl.
a) Activkassabestand	3,316	7	1
b) Aus dem unmittelbar rentirenden Vermögen	1,683	8	—
c) „ dem Turngeld	56	30	—
d) „ fundationsmässigen Reichnissen des Staats	1,738	27	1
e) „ Reichnissen von Stiftungen . . .	2,350	42	3
f) „ Zuschuss der Kämmerei	24,267	35	1
g) Sonstige Einnahmen	64	28	2
Summa	33,476	59	—

7. Der Localschulfond bestand Ende 1871 in 22,131 fl. 37$^1/_2$ kr.

§ 7.
Das Gas- und Wasserwerk.

1. Bereits im Verwaltungsberichte vom Jahre 1869 haben wir darauf hingewiesen, dass das Wasserwerk den wachsenden Ansprüchen nicht lange mehr zu genügen im Stande sein werde, und dass eine bedeutende Aenderung dieser Gemeindeanstalt in naher Aussicht stehe.

Dieser Fall ist nun eingetreten.

Die im Jahre 1856 eröffnete Anstalt war nämlich dem damals vorausgesetzten Bedarfe entsprechend auf die Förderung von circa 100 Cubikfuss Wasser per Minute angelegt worden; dieses Wasserquantum ist nun erreicht, und zwar früher erreicht worden, als irgend Jemand vorhergesehen hat und vorhersehen konnte; die Rohre, welche seiner Zeit von Manchem als viel zu weit getadelt wurden, lassen bereits das nöthige Wasser nicht mehr durch, sie sind für den vorhandenen Wasserbedarf zu enge geworden, der Druckverlust im Rohrsystem hat jenen Punkt erreicht, dass die am Ende der Leitung befindlichen Ausläufe kein Wasser mehr geben; alle Mittel, welche die dermaligen Einrichtungen an die Hand geben (Erhöhung des Bassins im Wasserthurm, directes Pumpen etc.) sind erschöpft, und bleibt daher kein anderer Weg offen, als an eine gründliche Erweiterung der Wasseranstalt zu gehen.

Ueber die Art und Weise, wie dies zu geschehen habe, konnte kein Zweifel aufkommen. Ist die bestehende Hauptrohrleitung für das zu fördernde Wasserquantum zu enge, so muss eben ein zweites Hauptrohr gelegt und ein der vermehrten Förderungsmasse entsprechend stärkeres Dampfpumpwerk aufgestellt werden.

Schwieriger war es, die Weite des zu legenden Wasserrohrs und die Stärke der Dampfpumpe zu bestimmen.

Man konnte hier von zwei Gesichtspunkten ausgehen.

Entweder man suchte den innerhalb der nächsten 20 Jahre eintretenden Wasserbedarf zu bestimmen und bestimmte die Anlage nach diesem Bedarf, oder man entschied sich sofort für eine auf die ganze verfügbare Wassermasse berechnete Einrichtung.

Anhaltspunkt zur Berechnung des in 20 Jahren eintretenden Bedarfes bot die Erfahrung, dass der Wasserabsatz in den letzten 6 Jahren jährlich um ca. $3^1/_2$ Cub.-F. per Minute zugenommen hat; eine gleich stetige Zunahme durfte man auch für die nächsten 20 Jahre annehmen und der Berechnung zu Grunde legen, wornach man zu dem Resultate gekommen wäre, dass die neue Einrichtung für die Förderung eines um 75 C.-F. per Minute erhöhten Wasserquantums zu treffen wäre.

Da die dermalige Leitung 102 Cub.-F. fördert, wäre bei der Aenderung der Anlage auf eine Wasserförderung von 177—180 Cub.-F. zu gehen gewesen.

Um den zweiten Gedanken verwerthbar machen zu können, musste man vor Allem feststellen, wie viel Wasser die Quellen per Minute abzugeben im Stande seien.

Diese Feststellung hat, wie dies in der Natur der Dinge liegt, ihre grossen Schwierigkeiten.

Wie nemlich durch die zu verschiedenen Zeiten vorgenommenen Messungen unzweifelhaft dargethan wurde, ist die Ergiebigkeit der Quellen keine constante, sondern eine nach der Stärke der Jahresniederschläge sehr schwankende.

Es entzieht sich ferner der Vorherbestimmung, ob nicht bei stärkerem Abpumpen des Wassers neue bis jetzt noch unbenützte Quellenläufe beigezogen und bei Senkung des Wasserspiegels der Wasserablauf verhindert würde. Gleichwohl musste man sich für ein bestimmtes Wasserquantum als voraussichtliches Quellenergebniss entscheiden, und es geschah dies schliesslich in der Weise, dass man mittelst der Durchschnittsberechnung ein Quantum von 180 Cubikfuss per Minute annahm.

Es stimmte dies zufällig auch mit der auf dem ersten Wege berechneten Wassermenge überein.

Allen weiteren Schritten bezüglich der Aenderung des Wasserwerks hatte hiernach eine Wasserförderung von 180 Cubikfuss per Minute als Basis zu dienen.

Ein dieser Wassermenge entsprechendes neues Hauptrohr musste von der Anstalt bis in die Mitte der Theaterstrasse mit 14 Zoll, von da bis zum Hofplatz mit 12 Zoll, von da bis zur Michaelskirche mit 10 Zoll, von da bis zum Zwingerdurchbruch mit 8, von da bis zur Sanderstrasse mit 6 und vom Zwingerdurchbruch bis zum Anschluss an's Hauptrohr der Glacisgürtelstrasse mit 4 Zoll lichter Weite genommen werden.

Ausser dieser Rohrleitung war eine neue Maschine mit Pumpwerk, ein neuer Dampfkessel und ein neues Kesselhaus mit Kamin zu beschaffen.

Der Raum für dieses neue Dampfpumpwerk liess sich in der dermaligen Fabrik am leichtesten dadurch gewinnen, dass man das gegenwärtig zur Gasbereitung verwendete Retortenhaus zur Aufstellung des neuen Pumpwerks benützte.

2. Die angedeutete Verwendung des Rotortenhauses der Gasanstalt zur Aufstellung des Wasserpump-Werkes musste die Erbauung eines neuen Gasretortenhauses zur nothwendigen Consequenz haben. Man entschloss sich daher, ein solches Retortenhaus auf dem dermaligen Fabrikgrundstück, das hinreichend Raum für dieses Gebäude bietet, herzustellen. Diese Bauführung für Zwecke der Gasfabrik gab zugleich Anlass zur Untersuchung der Frage, ob nicht von der im Jahre 1855 eingeführten und seither beibehaltenen Fabrikation des Holzgases zur Bereitung von Kohlengas übergegangen werden solle. Es war nemlich nicht zu verkennen, dass in der Zwischenzeit, sowohl was die Fabrikationsweise des Kohlengases, dessen Condensation und Reinigung, als was das Material und dessen Transport betrifft, bedeutende Aenderungen eingetreten waren, und damit die wichtigsten für die Holzgasbereitung sprechenden Gründe ihre Beseitigung gefunden hatten. Nach allseitiger gründlicher Prüfung und Untersuchung der Sache kam die Gaswerks-Verwaltung zu der Ansicht, dass die Kohlengasbereitung sowohl in ökonomischer als technischer Hinsicht den Vorzug vor der Holzgasbereitung besitze, und dass daher der Uebergang von der Holz- zur Kohlengasbereitung als eine rationelle Betriebsänderung sich zur Durchführung empfehle.

Die beiden gemeindlichen Collegien beschlossen daher, dass gleichzeitig mit dem Bau eines neuen Retortenhauses zu der Kohlengasbereitung überzugehen sei, und dass der Vortheil der billigeren Gaserzeugung nicht der Gasanstalt, sondern den Gasabnehmern zu Gute zu kommen habe. Man war nemlich der Ansicht, dass die Industrie und Fabrikation im hohen Grade beim Bezug eines möglichst billigen Beleuchtungsmittels betheiligt seien, und dass es sich nicht rechtfertigen lasse, die Vortheile eines billigeren Gases der Industrie zu entziehen; zudem wurde vorausgesetzt, dass die Gasconsumtion wegen der mannichfachen Vorzüge der Gasbeleuchtung vor jeder anderen Beleuchtungsart um so mehr zunehmen werde, je mehr sich der Preis des Gases dem anderer Beleuchtungsartikel, namentlich des Petroleums nähern würde.

3. Die Gesammtkosten dieser Aenderungen am Gas- und Wasserwerk waren auf 121,000 fl. veranschlagt.

Hievon sollten 100,000 fl. durch Schuldaufnahme und 21,000 fl. aus den Reservefonds der Gas- und Wasseranstalt gedeckt werden; für die durch Schuldaufnahme zu beschaffenden 100,000 fl. war eine Betrag von 7000 fl. per Jahr zur Verzinsung und Amortisation vorgesehen, und hoffte man, dass diese 7000 fl. in den mit der steigenden Gas- und Wasserabnahme wachsenden Erträgnissen der beiden Anstalten ihre Deckung finden würden, so dass die Umlagenpflichtigen nur wenige Jahre zu den Kosten der mehrerwähnten Aenderungen würden beizutragen haben; dies der Stand dieser Angelegenheit Ende des Jahres 1871.

Mit der Ausführung der Aenderungen sollte im Jahre 1872 begonnen werden.

4. Die in die Stadtkämmereikasse abgeflossenen Brutto-Erträgnisse des Gas- und Wasserwerks sind bereits oben in § 5. aufgeführt worden. Bei beiden Anstalten war auch im Jahre 1871 eine Zunahme ersichtlich, indem die Gasproduction von 25½ auf 26¼ Mill. Cubikfuss stieg und die Wasseranstalt um 37 Abnehmer mit 43 Stift Wasser mehr zählte als im Vorjahre.

§ 8.
Sparkasse und Pfandanstalt.

1. Der im Jahre 1870 in Folge des Kriegs eingetretene nicht unerhebliche Rückgang des Sparkassegeschäftes machte im Jahre 1871 nicht nur keine Fortschritte, sondern hob sich fast vollständig wieder auf.

Es stieg nämlich die Zahl der Einleger von 4005 auf 4257; die Einlagen wuchsen von 244,249 fl. auf 267,186 fl., und zurückgezogen wurden statt 288,636 fl. 16 kr. nur 268,301 fl.

Aus der nachfolgenden Uebersicht ist die Bewegung des Sparkassegeschäftes der Jahre 1870 und 71 zu ersehen.

Bewegung des Sparkasse-Geschäftes

Monat	1870. Einlagen.	1870. Rückzahlungen.	1871. Einlagen.	1871. Rückzahlungen.
Januar	57,732	51,443	57,742	49,924
Februar	6580	16,156	6546	13,799
März	15,488	18,486	10,690	18,343
I. Quart.	79,800	86,085	74,978	82,066
April	32,098	36,389	37,000	28,669
Mai	6887	13,728	8006	13,601
Juni	11,159	9693	12,498	13,741
II. Quart.	50,144	59,810	57,504	56,011
Juli	37,079	56,478	43,743	43,882
August	4523	12,033	6553	11,235
Septbr.	11,401	24,881	16,332	16,494
III. Quart.	53,003	93,392	66,628	71,611
Octbr.	37,899	31,713	42,938	38,237
Novbr.	7930	12,566	8173	13,221
Decbr.	15,473	5070	16,965	7155
IV. Quart.	61,302	49,349	68,076	58,613
Summa	244,249	288,636	267,186	268,301

Ende des Jahres 1871 waren bei der Sparkasse im Ganzen angelegt: 850,441 fl. 38 kr.

2. Im Jahre 1871 wurden
25,246 Pfänder neu eingebracht und
24,557 „ ausgelöst,
so dass sich eine Zunahme der Pfänder um 689 Stück ergiebt.

An Darlehen wurden im Pfandhause geholt 65,414 fl., dagegen wurden zurückgezahlt 68,122 fl., so dass im Ganzen 2708 fl. mehr zurückbezahlt als gegen Verpfändung geholt wurden.

Unter den obigen 25,246 Pfändern befanden sich auch im Jahre 1871 wieder nicht weniger als 12,739 für Darlehen im Betrage von 1 fl. bis 1 fl. 30 kr.

§ 9.
Das städtische Holzmagazin.

Im Verwaltungsjahr 1871/72 wurden in das städtische Holzmagazin zum Verkauf an hiesige Einwohner
1809$\frac{1}{2}$ Klafter eingeführt und hievon
1070 „ ausgeführt, so dass
739$\frac{1}{2}$ „ als Bestand auf das nächste Jahr übergingen.

Der Ankauf des Holzes erfolgte bei dem k. Staatsärar um die Forsttaxe und zwar wurde das Holz, sammt und sonders Buchenscheitholz, aus den Revieren Hain, Heinrichsthal, Sailauf und Lohr abgegeben.

Die obigen 1809$\frac{1}{2}$ Klafter mit den zum unmittelbaren Bedarf der Stadt und der Stiftungen angekauften weiteren 175$\frac{1}{2}$ Klafter kosteten incl. Beifuhr und Ausfuhr 39,457 fl. 57 kr. 3 dl.; nemlich
25,221 fl. 15 kr. — dl. für den Ankauf,
13,384 „ — „ 3 „ für die Beifuhr und
852 „ 42 „ — „ „ „ Ausfuhr.

Erlöst wurden aus dem verkauften Holz 25,810 fl. 59 kr. 1 dl., was mit Hinzurechnung des auf das nächste Jahr übergehenden Werthes der unverkauften 739$\frac{1}{2}$ Klafter im Betrage von 14,178 fl. 32 kr. 2 dl. eine Gesammteinnahme von 39,989 fl. 31 kr. 2 dl. repräsentirt.

Rechnet man zu den obigen Ausgaben weiter die Verwaltungs- und Regiekosten mit 1217 fl. 53 kr., die Ausgabe auf bauliche Unterhaltung des Magazins und Bureau's mit 29 fl. 22 kr., so ergiebt sich ungerechnet die Zinsen des Betriebscapitals und die Rente aus dem im Magazinsraum steckenden Werth, dass im Jahre 1871/72 das Holzgeschäft nicht mit Gewinn, sondern mit Verlust betrieben wurde; es ist dies eine Erscheinung, die bereits öfter hervortrat, und bei dem von Zufälligkeiten aller Art abhängigen Holzgeschäft leicht ihre Erklärung findet.

Gegen Verluste besitzt die Holzmagazinskasse übrigens genügende Deckung theils in den Renten ihres in 66,000 fl. bestehenden Stammvermögens, theils in dem Holzzoll, der im Jahre 1871/72 ein Erträgniss von 3391 fl. 16 kr. geliefert hat, und in dem Anweisgeld, das mit 1369 fl. 26 kr. 1 dl. in der hier fraglichen Rechnung erscheint.

Die gesammte Holzzufuhr des Jahres 1871/72 bestand in 47,257 Karren Scheit- und 2742 Karren Wellenholz, dabei wird die Zufuhrziffer des Vorjahres auf 43,456 Karren Scheit- und 2091½ Karren Wellenholz berichtigt.

§ 10.
Vermittlungsamt.

Beim Vermittlungsamte kamen während des Jahres 628 Klagen zur Anmeldung; hievon wurden 60 durch Befriedigung des Klägers, 188 durch Verweisung an das Gericht und 380 durch Vergleich erledigt.

§ 11.
Feuerversicherung.

Sowohl die Immobiliar- als die Mobiliar-Feuer-Versicherung lassen eine Zunahme in der Zahl der Versicherten und in den versicherten Werthen entnehmen.

So hat die Zahl der versicherten Gebäude sich in einem Jahre um 105 und das Versicherungs-Kapital um 578,170 fl. vermehrt. Bei der Mobiliar-Feuer-Versicherung hat die Zahl der Versicherten um 144 und der Versicherungsbetrag effectiv um 1,444,146 fl. zugenommen.

Der Stand der Immobiliar- und Mobiliar-Feuer-Versicherung war Ende des Rechnungsjahres 1871 folgender:

Feuer-Versicherung.	Zahl a) der versicherten Gebäude, b) der Personen.	Versicherter Werth.	Gezahlter Versicherungs-Beitrag.	Erhaltene Entschädigung.
a) für Gebäude:	5902	21,161,530 fl.	32,502 fl. 45¼ kr.	1,404 fl. 4 kr.
b) für Mobilien:	5172	21,103,496 fl.	unbekannt.	unbekannt.

§ 12.
Polizeiverwaltung.

1. Zur Anzeige kamen 4306 im Stadtbezirk verübte strafbare Handlungen.

Von diesen Anzeigen wurden
a) für beruhend erklärt 265
b) an andere Behörden zur zuständigen Verfolgung abgegeben 367
c) als Uebertretungen verhandelt 3674

Von diesen Uebertretungssachen endigten 704 mit Freisprechung und 2975 mit Verurtheilung.

Unter den verurtheilten 2975 Personen befanden sich 735 hier heimathberechtigte, die übrigen 2240 gehörten anderen Gemeinden an.

Es geht daraus die für die Sicherheitsverhältnisse der Stadt wichtige Thatsache hervor, dass weitaus die meisten strafbaren

Handlungen von Personen verübt werden, die der Stadt nicht nur nicht angehören, sondern in derselben nicht einmal dauernd wohnen. Dass ein am Thatort Unbekannter schwerer zu ermitteln ist, und demnach durch die gesetzlich bestehende volle Freizügigkeit die öffentliche Sicherheit in den Städten nicht gewonnen hat und nicht gewinnen konnte, liegt auf der Hand.

Die Uebertretungsanzeigen vertheilen sich auf die einzelnen Reate, wie folgt:

Bruch der Polizeiaufsicht und des pol. Aufenthaltsverbots	360
Misshandlung und Schlägerei	238
Ehrenkränkungen	97
Diebstahl	94
Felddiebstahl	93
Unterschlagung und strafbare Vorenthaltung fremder Sachen	46
Hehlerei	4
Betrug	22
Eigenthums-Beschädigung und Feldfrevel	68
Störung der öffentlichen Ruhe	137
Arbeitsscheue, Bettel und Landstreicherei	1239
Uebertretung der Sittenpolizei	71
Vernachlässigung des Schulbesuchs	69
Uebertretung in Bezug auf Leben und Gesundheit	112
Uebertretung der Strassenreinlichkeitspolizei	59
Uebertretung in Bezug auf Feuerpolizei	13
Uebertretung in Bezug auf Mass und Gewicht, Polizeitaxen, Viktualien- und Marktpolizei	47
Uebertretung in Bezug auf Gewerbs- und Erwerbspolizei	80
Uebertretung in Bezug auf das Dienstbotenwesen	113
Verkürzung und Gefährdung der gemeindlichen Gefälle	56
Uebertretung des Aufenthaltsgesetzes	164
Sonstige Uebertretungen	890

Dazu kommen noch 161 Zuwiderhandlungen gegen die zur Sicherung und Controle der gemeindlichen Gefälle erlassenen Vorschriften, die durch Strafverfügungen des Magistrats ihre Erledigung fanden.

2. Festgenommen wurden 1661
    aus der Stadt ausgewiesen 168
    auf dem Schub fortgeliefert 39
    in Polizeianstalten verwahrt 3
Personen.

3. Baugesuche wurden 178
beschieden, darunter betrafen 14 die Herstellung neuer Hauptgebäude.

4. Für den öffentlichen Verkehr bestehen als polizeilich licenzirte Einrichtungen: das Droschkenwesen, das Dienstmanninstitut und das Kärnerfuhrwerk. Die Zahl der Droschken beträgt z. Zt. 61, Dienstmannsinstitut ist eines vorhanden, licenzirte Kärner gibt es 60.

5. Von ansteckendn Menschen- und Thierkrankheiten, welche polizeiliche Thätigkeit veranlassten, sind die Blattern, die auch im Jahre 1871 epidemisch fortherrschten, die Cholera, deren Auftreten man befürchtete und gegen deren Verbreitung Vorkehrungen getroffen wurden, endlich die Rinderpest, welche gleichfalls im Jahre 1871 noch nicht erloschen war, zu nennen. Ein Fall von Hundswuth gab Anlass zur Hundesperre und zu einer ausserordentlichen Hundevisitation.

6. Im Interesse der Strassenreinlichkeit wurden die Massregeln zur allmäligen Beseitigung der offenen Gussausflüsse fortgesetzt, und mit Anbringung von Dachrinnen an den städtischen und Stiftungsgebäuden fortgefahren, so dass bald die sämmtlichen gemeindlichen Gebäude auf der Strassenseite mit Rinnen versehen sein werden, wornach eine gleiche Vorkehrung im Interesse des Publikums auch von den übrigen Hausbesitzern wird verlangt werden können.

7. Eine ausserordentliche Arbeit erforderte das Volkszählungsgeschäft.

Nachdem im Monat Juli die Gebäude gezählt, und die Zählung von der Regierung revidirt worden war, kam es am 1. Dezember zur Zählung der gesammten ortsanwesenden Bevölkerung. Zum Zwecke der Zählung wurde die Stadt in 98 Zählbezirke eingetheilt; für jeden solchen Bezirk wurde eine Commission aufgestellt, die das Zählgeschäft und die Revision der abgegebenen Haushaltungsbogen vorzunehmen hatte. Unter dem Zusammenwirken dieser freiwilligen Zählungscommissionen gelang es, das Geschäft bis zum 24. Januar zu beendigen, und die ausgefüllten und revidirten 9000 Haushaltungsbögen sammt Uebersichtsbögen und Controllisten der k. Kreisregierung vorzulegen. Die Ergebnisse der Zählung in ihren Details werden wir im nächstjährigen Berichte mittheilen.

8. Nachdem mit dem 1. Januar 1872 die Maass- und Gewichts-Ordnung für den norddeutschen Bund vom 17. August 1868 für Bayern in's Leben zu treten hatte, mussten in allen Zweigen der städtischen Verwaltung die zum Uebergang von dem seitherigen zu dem neuen Maass und Gewicht erforderlichen Anordnungen und Einrichtungen getroffen werden.

Die städtische Verwaltung liess sich namentlich im Interesse der hiesigen und hier verkehrenden auswärtigen Gewerbtreibenden auch dazu herbei, den Verificatoren für Maass und Gewicht die Geschäftslocalitäten zu stellen, und die Eichungsnormalien aus Gemeindemitteln anzuschaffen, wogegen der vierte Theil der bei den Verificatoren anfallenden Eichgebühren an die Stadtkasse zu fallen hat.

9. Die Einquartierung der zum Kriegsschauplatz abrückenden und von da zurückkehrenden Truppen wurde in gleicher Weise wie im Vorjahre beschäftigt. An Offiziersquartieren wurden im Ganzen etwa 1700 und an Mannschaftsquartieren mit Verpflegung circa 20,000 abgegeben.

10. Zur Aushebung kamen die Wehrpflichtigen der Altersclasse 1850, dann die zurückgestellten und zeitweise Befreiten aus früheren Jahrgängen.

Der Altersclasse 1870 gehörten 111
den früheren Jahrgängen . . , ... 21
Wehrpflichtige an, und waren daher 132
in die Bezirksliste einzutragen.

Hievon waren
a) freiwillig zum Heere gegangen 29
b) untauglich 62
c) zeitlich untauglich 3

d) der Waffenehre unwürdig 3
e) gänzlich befreit 1
f) zeitlich befreit 7
g) von der Einreihung suspendirt 1
h) als tauglich zum Loosen beigezogen 26

Summa 132

§ 13.
Gewerbswesen.

Niedergelegt wurden 370 und neu angemeldet 551 Gewerbe, so dass 151 Gewerbe mehr angemeldet als niedergelegt worden sind.

Seit Einführung der Gewerbefreiheit (1. Mai 1868) zeigte sich folgende Zunahme der selbständigen Gewerbe:

1868 Zunahme:	. . . .	356
1869 „	. . . .	249
1870 „	. . . .	302
1871 „	. . . .	181
Im Ganzen:	. . . .	1088.

Wir hatten daher Ende 1871 um 1088 selbständige, versteuerte Gewerbe mehr in Würzburg als Anfangs 1868; dass trotz des Krieges die Zahl der Gewerbsanmeldungen jene der Niederlegungen überstieg, ist der beste Beweis für die Solidität der hiesigen gewerblichen Zustände und deren Entwickelung. Je grösser nämlich die Zahl der ohne Boden bestehenden Gewerbe ist, je leichtfertiger der Betrieb eines selbständigen Gewerbes angemeldet wird, um so stärker muss auch bei einer Krisis, wie sie der Krieg immer im Gefolge hat, der Rückschlag eintreten.

Um ein Bild von dem Stande der hiesigen Industrie zu geben, mag bemerkt sein, dass Ende des Jahres 1871 im Ganzen von 2879 Personen selbständige Gewerbe betrieben oder doch versteuert wurden.

Darunter befanden sich:

A. Fabriken:

a) Tabakfabriken 4
b) Maschinenfabriken und Eisengiessereien 4
c) Malzfabriken 3
d) Champagnerfabriken 5
e) Bierbrauereien 9
f) Essig- und Liqueurfabriken 11
g) Kunstwollfabrik 1
h) Waggonfabrik 1
i) Gasfabrik 1
k) Schneidmühlen 2

B. Handelsgeschäfte:

a) Agenten 30
b) Banquiers und Wechsler 14
c) Buchhändler 12
d) Getreidhändler 10
e) Holz- und Bretterhändler 13
f) Kurzwaarenhändler 35
g) Schnitt-, Tuch- und Modewaarenhändler 39
h) Spezerei-, Tabak- und Cigarrenhändler 70
i) Weinhändler 47
k) Eisen- und Metallwaarenhändler 6
l) Glas- und Porzellainwaarenhändler 6
m) Lederhändler 7
n) Material- und Farbwaarenhändler 5
o) Schreibmaterialien- und Galanteriewaarenhändler . . . 8
etc. etc. etc.

C. Mechanische Künstler und Handwerker:

a) Bäcker 47
b) Melber 17
c) Müller 12
d) Brod-, Milch-, Producten- und Victualienhändler . . . 161
e) Metzger und Wurstler 80

f) Maurer und Steinhauer 25
g) Zimmermeister 14
h) Dach- und Schieferdecker 12
i) Glaser 27
k) Schreiner 92
l) Schlosser 34
m) Tüncher und Lakirer 52
n) Maler 10
o) Ziegel-, Backstein- und Kalkbrenner 7
p) Gasthöfe und Gastwirthschaften 31
q) Schenkwirthe 161
r) Fiaker 61
s) Lohnkutscher 55
t) Schneider und Kleidermagazinsbesitzer 201
u) Kleidermacherinnen 24
v) Näherinnen 11
w) Putzmacherinnen 23
x) Schuhmacher 249
y) Bader 26
z) Bildhauer 16
aa) Buchbinder 32
bb) Buchdruckereibesitzer 11
cc) Büttner und Weissküfer 43
dd) Conditoren 26
ee) Fischer 46
ff) Schiffer 7
gg) Gärtner 62
hh) Kärner 60
ii) Kleiderhändler 33
kk) Schmiede 13
ll) Tapezirer 26

Ferner waren vorhanden:

Apotheken 9
Badanstalten 5
Kaminkehrer 7

Kunsthändler............ 4
Photographen 9
Leihbibliotheken ..,......... 5

§ 14.
Lebensmittelverbrauch. Lebensmittelpreise.

Der Verbrauch an den hauptsächlichsten Lebensmitteln verglichen mit dem Jahre 1870 war folgender:

Lauf. Nro.	Bezeichnung des Lebensmittels.		1870.	1871.
1	Weizenmehl	Centner	50,957	57,863
2	Korn- und Weizennachmehl .	„	42,808	38,306
3	Eingeführtes Weissbrod ...	„	28	35
4	Eingeführtes Schwarzbrod ..	„	4,135	5,956
5	Ochsen	Stück	5,088	5,311
6	Kühe	„	1,650	1,636
7	Rauppen	„	97	50
8	Kälber	„	15,116	13,886
9	Hämmel	„	4,156	2,920
10	Schweine	„	11,445	11,783
11	Eingeführtes Fleisch	Centner	4,107	3,854
12	Hochwild	Stück	48	33
13	Markassin	„	30	34
14	Rehe	„	548	687
15	Hasen	„	11,136	15,190
16	Fremdes Bier	Eimer	50,949	49,467
17	Hiesiges Bier	„	70,595	92,162
18	Wein	„	8,645	8,314

Die Durchschnittspreise der wichtigsten Lebensbedürfnisse zeigt folgende Uebersicht:

	fl.	kr.	h.
6 Pfund Roggenbrod	—	28	—
1 „ gemeines Weizenbrod	—	7	2
1 „ bestes Waizenmehl	—	7	3
1 „ ordinäres Waizenmehl	—	6	3
1 „ Roggenmehl	—	5	2
1 „ gerändelte Gerste	—	8	3
1 Schäffel Hirse	16	22	—
1 „ Erbsen	19	37	—
1 „ Linsen	20	33	—
1 „ Haidekorn	18	57	—
1 „ Kartoffeln	5	25	—
1 Pfund Ochsenfleisch	—	20	—
1 „ Kalbfleisch	—	17	2
1 „ Hammelfleisch	—	18	—
1 „ Schweinefleisch	—	21	—
1 „ roher Speck	—	30	2
1 „ geräucherter Speck	—	42	—
1 „ Schmalz	—	37	—
1 „ Butter	—	32	—
1 „ Karpfen	—	31	—
1 „ Hechte	—	50	—
12 Stück Eier	—	19	2
1 Pfund Salz	—	4	—
1 Centner rohes Unschlitt	20	25	—
1 Pfund gezogene Lichter	—	24	—
1 „ Seife	—	18	—
1 Maas Winterbier	—	7	—
1 „ Sommerbier	—	7	—
1 Klafter ungeflösstes Buchenholz	21	45	—
1 „ Fichtenholz	13	30	—
1 „ Föhrenholz	13	30	—
100 Büschel Wellen	5	48	—
1 Schäffel Wicken	18	40	—
1 „ Leinsamen	23	50	—

		fl	kr	d
1 Schäffel Reps		33	20	—
1 Centner Heu		2	53	—
1 „ Stroh		1	55	—
1 „ Steinkohlen		—	50	2

§ 15.
Die Institute für kranke Dienstboten und kranke Gesellen.

Ueber die Verhältnisse dieser Institute giebt die nachfolgende Uebersicht Aufschluss:

I. Institut für kranke Dienstboten.

Lauf. Nro.		Jahr		
		1869.	1870.	1871.
1	Durchschnittliche Mitgliederzahl	5,291	5,154	5,681
2	Zahl der Verpflegten . . .	1,134	986	1,052
3	Zahl der Verpflegstage im Ganzen	27,362	22,413	26,458
4	Durchschnittliche Zahl der Verpflegstage jedes Kranken . .	24	22½	25½
5	Einnahme aus Spitalgeldern . .	12,636 fl.	12,288 fl.	13,568 fl.
6	Ausgabe für Kur und Verpflegung	14,279 fl.	11,340 fl.	13,846 fl.
7	Vermögen des Instituts . . .	67,437 fl.	70,099 fl.	71,520 fl.

II. Institut für kranke Gesellen.

Lauf. Nro.		Jahr		
		1869.	1870.	1871.
1	Durchschnittliche Mitgliederzahl	2,957	2,890	2,983
2	Zahl der Verpflegten	660	534	545
3	Zahl der Verpflegstage im Ganzen	10,128	9,286 fl.	10,965
4	Durchschnittliche Zahl der Verpflegstage jedes Kranken . .	15	17¼	20¼
5	Einnahme aus Spitalgeldern . .	5,029	4,838 fl.	4,990 fl.
6	Ausgabe für Kur und Verpflegung	5,159 fl.	4,719 fl.	5,612 fl.
7	Vermögen des Instituts . . .	42,446 fl.	46,387 fl.	46,872 fl.

§ 16.
Stiftungswesen.

1. An Wohlthätigkeitsstiftungen sind neu zugegangen: die Wickenmayer'sche katholische Kinderpflege und die Klett'sche Armenholz-Stiftung.

Die Privatiers-Eheleute Johann Valentin und Magdalena Wickenmayer gründeten nämlich eine Stiftung zu dem Zwecke der Verpflegung und Erziehung katholischer Bürgerskinder von einem halben bis zum vollendeten sechsten Lebensjahre.

Da der Wittwe des am 7. Januar 1871 verstorbenen Privatiers J. V. Wickenmayer der lebenslängliche Nutzgenuss des Haupttheiles des Stiftungsvermögens zusteht, konnte das gestiftete Kinderasyl noch nicht errichtet werden.

Bis dahin bleibt das für die Stiftung bereits gezahlte Kapital im Betrage von 30,000 fl. nutzbringend angelegt, und werden die Renten admassirt.

Von Seite des Privatiers Jacob Klett wurde ferner letztwillig angeordnet, dass nach dem Tode seiner drei Schwestern von den beiden Haupterben dem Stadtmagistrate ein Kapital übergeben werde, dessen Renten hinreichen, alljährlich 25 Karren Brennholz an arme Einwohner der Stadt zu vertheilen. Durch Vereinbarung wurde dieses Kapital auf 6000 fl. fixirt und wird dasselbe an dem im Testamente des Stifters bestimmten Zeitpunkt von den Erben oder deren Rechtsnachfolgern zur Fundirung der Stiftung erlegt werden.

Durch das oben erwähnte Wickenmayer'sche Kapital, dann durch Admassirung von Renten und einige Fundationszuflüsse zu bereits bestehenden Stiftungen hat sich das Gesammtvermögen der Wohlthätigkeits-Stiftungen um 52,084 fl. 33 kr. vermehrt.

2. In der Administration des Stiftungsvermögens kam als hauptsächlichste Aenderung die Ueberführung des Regiebetriebs der bürgerspitälischen Oekonomie zur Verpachtung vor.

Das gesammte lebende und todte Oekonomie-Inventar wurde versteigert und der erzielte Erlös im Betrage von 17,451 fl. 44½ kr. zum Stiftungsfundus geschlagen.

Aus der Verpachtung der Feldgrundstücke und Wiesen, dann der Vermiethung der Oekonomiegebäude werden per Jahr 5605 fl. 52½ kr. erzielt; überdiess wurden 19 Tagwerk Feld in der Buhleite um 16,000 fl. an die Fabrik König & Bauer in Oberzell verkauft, wodurch gleichfalls eine Rente im Betrage von 640 fl. eingeht, so dass im Ganzen aus dem vormals in der Oekonomie steckenden Vermögen eine Jahreseinnahme von 6943 fl. gezogen wird, ein Ertrag, den der Regiebetrieb nimmermehr abgeworfen hat.

Es wurde daher für den Haushalt eine bedeutende Vereinfachung gewonnen, und überdies das für Stiftungszwecke verwendbare Einkommen erhöht.

3. Der Stand der Pfründner in den Wohlthätigkeitsanstalten war folgender:

a) Bürgerspital (innere) 125
b) Hüberspflege (innere) 30
c) Siechenhaus 11
d) Ehehaltenhaus 63

e) Bürgerspital (äussere) 10
f) Hüberspflege (äussere) 103;
sonach im Ganzen 229 innere und 113 äussere Pfründner.

Die Verpflegskosten berechnen sich pro Kopf und Jahr:
a) beim Bürgerspital auf . . . . . 330 fl. 39 kr.,
b) bei der Hüberspflege auf . . . . 323 fl. 42 kr.,
c) beim Siechenhaus „ . . . . 220 fl. 2 kr.,
d) beim Ehehaltenhaus „ . . . . 206 fl. 31 kr.

4. Ständige Unterstützungen aus Wohlthätigkeitsstiftungen bezogen:

17 Männer und
77 Frauen,
94 im Ganzen;

momentane Unterstützungen aber
110 Männer und
256 Frauen,
366 im Ganzen.

Hierunter sind auch conscribirte und momentan von der Armen-pflege unterstützte Personen, so dass diese Zahlen nicht einfach zu den bei der Armenpflege aufgeführten Personen addirt werden dürfen.

5. Die Renten der Wohlthätigkeits-Stiftungen wurden, abgesehen von den Pfründenstellen, verwendet, wie folgt;
a) auf ständige Unterstützungen . . . . . . 4,774 fl. 55 kr.
b) „ momentane „ . . . . . 3,722 fl. 22 kr.
c) an die Armenpflege abgegebene . . . . . 12,777 fl. 58¼ kr.
d) für specielle gestiftete Wohlthätigkeitszwecke,
Familienstipendien etc. etc. . . . . 7,467 fl. 50 kr.

6. Die Renten der im Berichte des Vorjahres aufgeführten Cultusstiftungen mit 3,372 fl. 15¼ kr. und der Unterrichtsstiftungen mit 1,103 fl. 13 kr. fanden stiftungsmässige Verwendung.

§ 17.
Armenwesen.

Einen bezüglich seines Umfanges und seiner Bedeutung nur selten richtig gewürdigten Theil der städtischen Verwaltung bildet die „Armenpflege".

Wir glauben die Aufmerksamkeit um so mehr auf diesen Verwaltungszweig lenken zu sollen, als sich in Folge der neuen Heimatsgesetzgebung und falls das in der Reichsgesetzgebung zum Durchbruch gekommene Unterstützungssystem auch bei uns Aufnahme findet, die Aussicht eröffnet, dass das Armenwesen die Kräfte der Stadtgemeinden in einer bis jetzt ungeahnten Weise in Anspruch nehmen wird. Nicht die absolut wachsende Zahl der Armen und Unterstützungbedürftigen, auch nicht die mit dem Steigen der Lebensmittelpreise nothwendig zunehmende Ausgabe auf die Armenunterhaltung ist es, was die stärkere Belastung der Stadteinwohner verursachen wird, sondern die von dem bisherigen System abweichende „Vertheilung" der Armenlasten. Je mehr sich die Gesetzgebung von dem Grundsatze entfernt, dass die Unterstützung von der „Heimathsgemeinde" des Bedürftigen zu leisten ist, und je mehr sie die Armenlast der „Aufenthaltsgemeinde", sei es direct, sei es indirect (durch möglichste Erleichterung des Heimathserwerbes) zuweist, um so mehr wird die Armenlast dem flachen Lande abgenommen und den an Zuzug von Aussen nicht leidenden Städten überwälzt. Nur die eine Bestimmung z. B., dass die Aufenthaltsgemeinde unter allen Umständen in Krankheitsfällen die augenblickliche Hülfe ohne Unterschied der Heimathsangehörigkeit unentgeltlich zu leisten habe, hätte hier eine Erhöhung der Gemeindeumlagen um mindestens 25 %, zur Folge: noch anders würde sich aber die Sache gestalten, wenn die Pflicht zur Hülfeleistung nicht auf Erkrankungsfälle und den Erkrankten beschränkt würde. Wenn auch das Recht, sich im deutschen Reiche wo immer aufzuhalten, zu arbeiten und seinen Lebensunterhalt zu erwerben, Jedem rückhaltslos zugestanden sein soll, so folgt daraus doch noch nicht, dass deswegen auch jeder

Einzelne und jede in der Auswahl der Mittel nicht ängstliche Gemeinde das Recht haben müsse, nach Willkür diejenige Gemeinde zu bestimmen, welche die Armenlast zu tragen hat. Die mit dem Gesetz über den Unterstützungswohnsitz gemachten Erfahrungen mögen nicht unbeachtet und unbenützt bleiben, wenn die Frage herantritt, ob wir unser Unterstützungssystem gegen das norddeutsche vertauschen sollen oder nicht.

2. Der „Armenpflegschaftsrath" als das zur Leitung und Behandlung des örtlichen Armenwesens berufene gemeindliche Organ erledigte seine Geschäfte der Hauptsache nach in Plenarsitzungen, die regelmässig alle 14 Tage gehalten wurden; für das Cassa- und Rechnungswesen ist aus der Mitte des Armenpflegschaftsrathes ein Cassier aufgestellt, für die Materialverwaltung besteht eine eigene gleichfalls aus Mitgliedern des Pflegschaftsrathes gebildete Oekonomiecommission; ausserdem sind besondere Commissionen für die Armenconscription etc. etc. niedergesetzt. Im Geschäftsjahr 1871 wurden 26 Plenarsitzungen gehalten und in denselben 1141 Gegenstände erledigt.

3. Abgesehen von den 229 in städtischen Pfründeanstalten untergebrachten Personen, und ungerechnet die aus den Wohlthätigkeitsstiftungen ständig oder momentan Unterstützten belief sich die Zahl der von der Armenpflege unterstützten Personen auf mehr als 800 Köpfe; darunter befanden sich

conscribirte Arme 312,
momentan Unterstützte 406,
bei Pflegeeltern und in Rettungsanstalten untergebrachte Kinder . . . . 129.

4. Ohne uns zu weit in das Detail der Ausgaben und Einnahmen zu verlieren, mögen hier doch die wichtigsten Rechnungsposten einen Platz finden; dieselben werden wenigstens einigermassen einen Einblick in die Verwaltung des hiesigen Armenwesens ermöglichen.

An Ausgaben wurden gemacht:
1) Auf Verwaltung und Regie . . . . . . 2,514 fl. 3 kr.
2) Auf Unterstützung in Geld, Brod, Kleidungsstücken und Holz für 312 conscribirte Arme 16,523 fl. 38 kr.

3) Auf vorübergehende (momentane) Unterstützungen in Geld, Kleidern, Holz an 406 Arme . . . . 3,207 fl. 53 kr.

4) Auf Verpflegung und Erziehung armer Kinder 9,283 fl. 45½ kr. nämlich:

a) für 50 bei verschiedenen Pflegeeltern untergebrachte Kinder . 2658 fl. 59½ kr.

b) für 13 Kinder in der Kleinkinder-Bewahranstalt links des Mains 245 fl. 48 kr.

c) für 5 Kinder an den Vincentius-Verein dahier . . . . 940 fl. 36 kr.

d) für 9 Kinder an den Elisabethen-Verein . . . . 1580 fl. 44 kr.

e) für 15 Kinder an die Rettungs-Anstalt in Wörth . . . . 702 fl. 30 kr.

f) für 28 Kinder an die Johannespflege in Aschaffenburg . . . . 2036 fl. 55 kr.

g) für 1 Kind an die St. Josephspflege in Bischofsheim . . . . . 35 fl. — kr.

h) für 3 Kinder an die Rettungs-Anstalt Marienthal bei Schweinfurt . . . . 154 fl. 48 kr.

i) für ein Kind an die Staats-Erziehungs-Anstalt in Niederschöneufeld . . . . 18 fl. — kr.

k) für 3 Kinder an die Kloster-Anstalt zu Heidingsfeld . . . . 255 fl. 27 kr.

l) für 1 Kind an die Rettungsanstalt zu Amberg . . . . 44 fl. — kr.

m) Sustentationsbeitrag an d. Kleinkinderbewahranstalt r/M. . . . 131 fl. 48 kr.

n) Schulgelder an den polytechnischen Verein für Anschaffung von Lehrmitteln für Volksschüler . . . . 327 fl. 40 kr.

o) Lehrgelder und Handwerkszeug
für arme Lehrlinge . . . . 125 fl. 30 kr.
p) für Flick- und Wäscherlöhne . 26 fl. — kr.

5) An Bekleidungsbeiträgen für 45 Erstcommuni-
canten . . . . 340 fl. — kr.
6) An die 12 ältesten Stadtarmen, s. g. 12
Brüderer à 51 fl. 9½ kr. . . . . 613 fl. 54 kr.
7) Auf Reiseunterstützung . . . . 122 fl. 19 kr.
8) Für 10 Karren Holz aus dem Reichniss der
v. Gebsattel'schen Stiftung . . . . . . 100 fl. — kr.
9) Für Holz-, Fuhr- und Spalterlöhne . . . 183 fl. — kr.
10) Auf Krankenverpflegung . . . . 4,164 fl. 22 kr.
nämlich:
a) für ärztliche und wundärztliche
Deserviten . . . . 750 fl. — kr.
b) für Medicamente . . . . 2218 fl. 22 kr.
c) Spitalgeldbeiträge für arme
Lehrlinge . . . . 71 fl. 46 kr.
d) an Kurkosten für auswärts Er-
krankte . . . . 109 fl. 13 kr.
e) für Transportkosten . . . . 112 fl. — kr.
f) für Verpflegung von 8 in der
Kreisanstalt zu Werneck unter-
gebrachte arme Irre . . . . 866 fl. 45 kr.
g) für Beerdigungskosten . . . . . 36 fl. 16 kr.
11) An Zuschuss zur Ehehaltenhauspflege für die
dortselbst untergebrachten Stadtarmen . . 8,788 fl. — kr.
12) Lehrgelder und Handwerkszeug für arme
Lehrlinge . . . . 527 fl. 32 kr.
13) Zuschuss an die evangelische Pfründeanstalt 114 fl. 12 kr.
In Summa 46,482 fl. 38½ kr.

Die Einnahmen bestanden:
1) Im Activrecess vom Vorjahre mit . . . . 5,406 fl. 43½ kr.
2) In Zinsen des Stammvermögens . . . . 6,139 fl. 43½ kr.

3) In Rentenüberschüssen von Wohlthätigkeits-
stiftungen . . . . 10,141 fl. 8¼ kr.
4) Im Antheil am Ertag der Jagdkartengebühren
mit . . . . 752 fl. 20 kr.
5) Aus gesetzlichen Strafantheilen . . . . . 490 fl. 39 kr.
6) Aus Abgaben für Tanzmusikbewilligungen . 197 fl. 24 kr.
7) Aus dem Ertrag zweier Theatervorstellungen 473 fl. 47 kr.
8) Aus den Neujahrsgratulations-Enthebungs-
Karten . . . . 147 fl. 43 kr.
9) Aus den Bewilligungen für Messproductionen 91 fl. — kr.
10) Aus Büchsensammlungen . . . . 261 fl. 33¼ kr.
11) Aus Reichnissen des k. Staatsärars in Geld,
Getreide und Holz . . . . 11,587 fl. 1 kr.
12) Aus Antheil am Waizenmehlaufschlag . . 9,698 fl. 58¼ kr.
13) An directen Gemeindeumlagen . . . . . 8,000 fl. — kr.
14) An Ersatzleistungen . . . . 466 fl. 10 kr.
15) An zufälligen Einnahmen . . . . 2 fl. 21 kr.

In Summa 53,856 fl. 33 kr.

Hiezu sei bemerkt, dass die früher übliche Sammlung freiwilliger Beiträge für die Armenpflege aufgehoben und durch Erhebung directer Gemeinde-Umlagen ersetzt wurde, einerseits weil die freiwilligen Beiträge, welche statt zuzunehmen abnahmen, nicht mehr ausreichten, anderseits weil man die Wahrnehmung machen musste, dass sich bei den freiwilligen Beiträgen die Armenlast zu ungleich unter die Pflichtigen vertheilte.

5. Die aus Gemeinde- und localen Stiftungsmitteln für Zwecke der Wohlthätigkeit und Armenpflege gemachte Gesammtausgabe beläuft sich auf 133,520 fl. 2¼ kr. oder bei einer Bevölkerungszahl von 40,008 auf 3¼ fl. per Kopf der Bevölkerung.